11コマンドでスラスラ描ける Jw_cad 8

著 富田泰二

●注意事項
・本書の解説は、本書付録CD-ROMに収録されているJw_cad 8.01bに準拠しています。
・本書付録CD-ROMに収録されたプログラムやデータを使用することによって生じた、いかなる損害・トラブルについても、当社および著者、プログラム制作者、データ制作者は一切の責任を負いかねますので、ご了承ください。
・本書の内容、CD-ROMの内容を当社の承諾なしに無断で転載（引用・複製など）、配布することを禁じます。

はじめに

11個のコマンドを覚えるだけで、図面は描けます！

　Jw_cadのわずか11個のコマンドを憶えることで、図面が描けるようになる。それがこの本の主旨です。

　もちろん、Jw_cadには11個を超える遥かに多くのコマンドが用意されており、数多くの便利な機能を備えています。Jw_cadのコマンドやその設定は、バージョンアップにより、増加してきました。しかし、いくら便利とはいえ、初めてJw_cadを使う方にとって、多くのコマンドとその設定を覚えるのは至難の技といえます。多くの機能を前にした初心者にとって、このコマンドの数がハードルとなり、実際に図面が描けるようになる前に息切れしてしまうことも多くあります。

　筆者は、Jw_cadを使いこなす近道は、実際にJw_cadを使って図面を描いてみることだと思っています。コマンドの細かい設定や、便利ではありますがそれほど使う頻度のないコマンドの使い方を覚えるのは後回しにして、まず図面を描くための必要最低限のコマンドを覚えて、図面を描いてみることが大切です。

　最低限必要なコマンドを使って図面を描くことができるようになれば、そのほかのコマンドにも自然と興味が湧いてきます。また、すでに使っているコマンドの細かい設定の意味も分かってきます。

　本書はそんな、最低限のコマンドを覚えるだけで、まず図面が描けるようになることを目的に、必要な11個の基本コマンドを厳選し、Jw_cadの設定をなるべく変更することなく図面を描く方法を紹介しています。まず、11個のコマンドの基本的な使い方を覚えたら、すぐに図面を描き始めます。

　「とにかく図面を描いてみよう」を合言葉に、さあ、一緒にJw_cadを使ってみましょう。本書で紹介している基本を身につければ、Jw_cadで難なく描きたい図面が描けるようになります。そうなれば後は怖いものなどないはずです。

富田泰二

もくじ

はじめに	3ページ
付録CD-ROMについて	6ページ
本書の表記について	7ページ
Jw_cad 8のインストール	8ページ
Jw_cad 8の起動方法	10ページ
Jw_cad のインターフェイス	12ページ
Jw_cad 8の表示設定と終了	14ページ
Jw_cad 8がうまく動作しない場合は？	15ページ
FAX質問シート	56ページ

Part 1 これだけ覚えれば図面が描ける！11コマンドの使い方

17ページ

最低限知っておくべきJw_cadの基本操作と知識		18ページ
Command 1	[／](線) コマンド	34ページ
Command 2	[○](円) コマンド	36ページ
Command 3	[文字] コマンド	38ページ
Command 4	[寸法] コマンド	40ページ
Command 5	[消去] コマンド	42ページ
Command 6	[移動]・[複写] コマンド	44ページ
Command 7	[伸縮] コマンド	46ページ
Command 8	[コーナー] コマンド	48ページ
Command 9	[複線] コマンド	50ページ
Command 10	[ハッチ] コマンド	52ページ
Command 11	[図形] コマンド	54ページ

Part 2 実践！11コマンドで平面図を描いてみよう ……… 57ページ

この図面を描いてみよう！	……………………………	58ページ
Step 0	作図の準備 ……………………………………	60ページ
Step 1	図面枠を描く …………………………………	66ページ
Step 2	通り芯を描く …………………………………	76ページ
Step 3	壁を描く ………………………………………	88ページ
Step 4	柱と円弧壁を描く ……………………………	98ページ
Step 5	仕上げ線を描く ………………………………	114ページ
Step 6	扉を描く ………………………………………	128ページ
Step 7	窓を描く ………………………………………	164ページ
Step 8	図形を配置する ………………………………	186ページ
Step 9	階段を描く ……………………………………	204ページ
Step 10	敷地を描く ……………………………………	212ページ
Step 11	外構を描く ……………………………………	224ページ
Step 12	寸法を記入する ………………………………	246ページ
Step 13	文字を記入する ………………………………	252ページ
Step 14	印刷する ………………………………………	258ページ

デザイン ● KINDS ART ASSOCIATES

本文DTP ● リブロワークス

印刷 ● シナノ書籍印刷

付録CD-ROMについて

本書付録CD-ROMには、無償のCADである「Jw_cad 8.01b」「Jw_cad 7.11」と、Jw_cadの環境設定ファイル、本書Part2の各Stepの完成図面が収録されています。

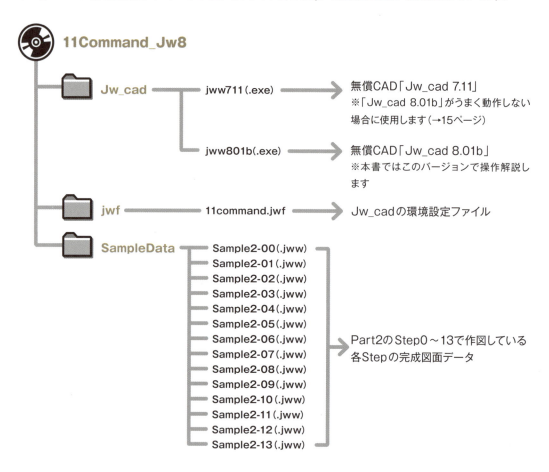

サンプルデータの使用について

サンプルデータは、パソコンの任意の場所（ドキュメントやデスクトップなど）に、フォルダごとコピーしてから使用してください。サンプルデータは各Stepの完成図面になっています。サンプルデータを使って練習する際は、1つ前のStep番号のファイルを使用してください。

例:Step3の操作練習→Sample2-02(.jww)

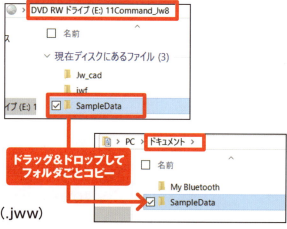

本書の表記について

マウス操作について

本書ではマウス操作については以下のように表記します

クリック
マウスの左ボタンを1回押してすぐに離す操作

右クリック
マウスの右ボタンを1回押してすぐに離す操作

ドラッグ
マウスの左ボタンを押したままマウスを動かし、ボタンを離す操作

ダブルクリック
クリックを素早く2回繰り返す操作

右ダブルクリック
右クリックを素早く2回繰り返す操作

両ボタンドラッグ
マウスの左右両方のボタンを押したままマウスを動かしボタンを離す操作

名称について

操作の際、実行するコマンドやメニュー、ボタンなどはすべて[ ]でくくって表記しています。ユーザーが入力する数値や名称などは「 」でくくって表記しています。

例：[／]（線）コマンドをクリックして、コントロールバーの[傾き]に「45」と入力します。

メニューについて

選択肢が並んでいるインターフェイスを「メニュー」と表記します。メニュー内の項目はクリックで選択しますが、本書ではこの操作を「選択する」と表記します。

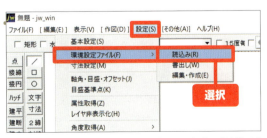

例：[設定]メニューから[環境設定ファイル]－[読込み]を選択します。

Jw_cad 8の
インストール

付録CD-ROMに収録されている「Jw_cad 8.01b」をWindows 10にインストールする方法を説明します（Windows 8やWindows 7で操作がちがう場合は補足を入れています）。

1 付録CD-ROMをパソコンに挿入すると、画面右下に「DVD RW ドライブ(E:) 11Command_Jw8　タップして、リムーバブルドライブに対して行う操作を選んでください」※とメッセージが表示されます。メッセージの部分をクリックします。

Hint

メッセージは時間が経つと自動的に消えてしまうので注意してください。Windows 8では画面右上にメッセージが表示されます。Windows 7ではこの手順を行う必要はありません。

2 メッセージが切り替わるので、「フォルダーを開いてファイルを表示」をクリックします。

Hint

Windows 7では[自動再生]ダイアログボックスが表示されます。同様に「フォルダーを開いてファイルを表示」をクリックします。

3 付録CD-ROMの内容が表示されます。「Jw_cad」フォルダーをダブルクリックします。

4 「jww801b」ファイルをダブルクリックします。

※表示されるドライブ名はパソコンによって異なります

Hint
[ユーザーアカウント制御] ダイアログボックスが表示されたら、[はい] ボタンをクリックしてください。

5 インストールウィザードが開きます。[次へ] ボタンをクリックします。

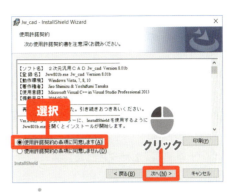

6 「使用許諾契約」を読み、[使用許諾契約の条項に同意します] を選択して [次へ] ボタンをクリックします。

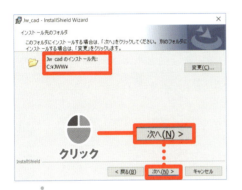

7 インストール先の指定画面が開きます。「C:¥JWW¥」になっていることを確認して [次へ] ボタンをクリックします。

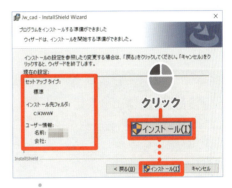

8 現在の設定を確認して [インストール] ボタンをクリックします。

9 Jw_cad 8のインストールが始まります。

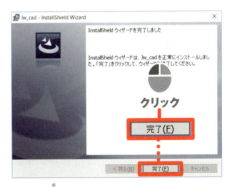

10 インストールが完了したら、[完了] ボタンをクリックしてウィザードを終了します。

Jw_cad 8の起動方法

Jw_cadをインストールすると、スタートメニューのアプリ（プログラム）に「Jw_cad」が登録されます。これを選択することでJw_cadを起動できます。また、「Jw_cad」のショートカットをデスクトップに作成しておくと、すばやくJw_cadを起動することができます。

● **スタートメニューから起動**

1 スタートボタンをクリックし、スタートメニューから[すべてのアプリ]を選択します。

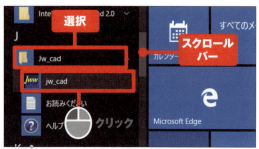

2 パソコンにインストールされたアプリが一覧表示されます。スクロールバーを移動して[Jw_cad]のフォルダーを選択して開き、[Jw_cad]をクリックします。

3 Jw_cadが起動します。

Hint

Windows 8でスタートボタンをクリックするとスタート画面が表示されます。[↓]ボタンをクリックして[アプリ]の中から[Jw_cad]をクリックします。Windows 7ではスタートボタンをクリックして[すべてのプログラム]を選択します。

Windows 8の場合

Windows 7の場合

● **ショートカットを作成して起動**

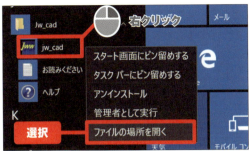

Hint

Windows 8ではスタート画面の[Jw_cad]を右クリックしてください。Windows 7では、スタートメニューの[Jw_cad]を右クリックして、手順2の[送る]→[デスクトップ(ショートカットを作成)]を選択し、手順2を省略します。

1 スタートメニューの[Jw_cad](表示方法は前ページ参照)を右クリックし、メニューから[ファイルの場所を開く]を選択します。

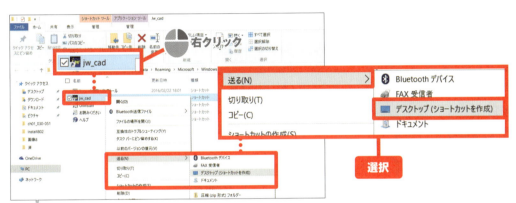

2 「Jw_cad」のフォルダーが開きます。[Jw_cad]を右クリックして、メニューから[送る]→[デスクトップ(ショートカットを作成)]を選択します。

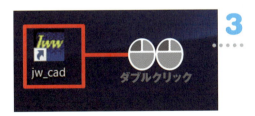

3 デスクトップに「Jw_cad」のショートカットが作成されます。ショートカットをダブルクリックします。

4 Jw_cadが起動します。以降、手順3で作成したショートカットをダブルクリックして起動できます。

Jw_cadの
インターフェイス

これが、Jw_cadを起動すると表示される画面です。Jw_cadは、この画面を使いやすいようにカスタマイズできますが、本書では初期設定のままで作図を行います。

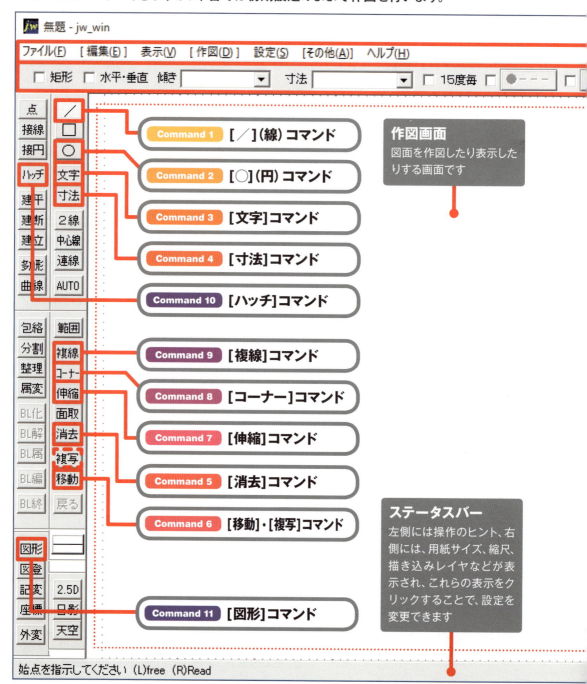

作図画面
図面を作図したり表示したりする画面です

ステータスバー
左側には操作のヒント、右側には、用紙サイズ、縮尺、描き込みレイヤなどが表示され、これらの表示をクリックすることで、設定を変更できます

はじめに

Jw_cadの
インター
フェイス

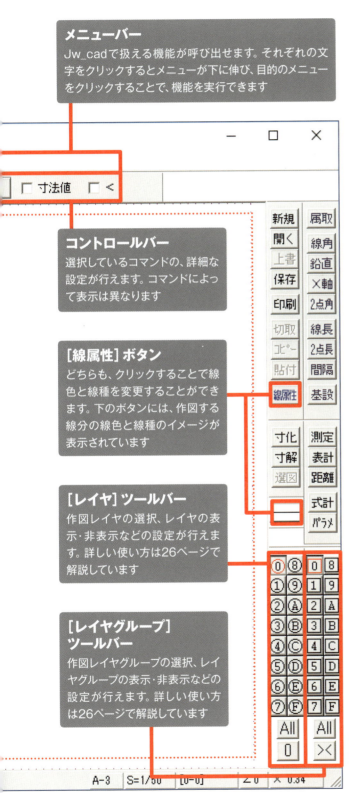

Command 1 [／](線)コマンド
線分を作図するコマンド。詳しい使い方は34ページで解説しています。

Command 2 [○](円)コマンド
円や円弧を作図するコマンド。詳しい使い方は36ページで解説しています。

Command 3 [文字]コマンド
文字を作図するコマンド。詳しい使い方は38ページで解説しています。

Command 4 [寸法]コマンド
寸法を作図するコマンド。詳しい使い方は40ページで解説しています。

Command 5 [消去]コマンド
作図した線分や文字などを消去するコマンド。詳しい使い方は42ページで解説しています。

Command 6 [移動]・[複写]コマンド
作図した線分や文字などを移動・複写するコマンド。詳しい使い方は44ページで解説しています。

Command 7 [伸縮]コマンド
線分や円弧を伸縮するコマンド。詳しい使い方は46ページで解説しています。

Command 8 [コーナー]コマンド
線分や円弧同士が交わるコーナーの形状を整えるコマンド。詳しい使い方は48ページで解説しています。

Command 9 [複線]コマンド
線分や円弧の平行線(複線)を作図するコマンド。詳しい使い方は50ページで解説しています。

Command 10 [ハッチ]コマンド
ハッチングを作図するコマンド。詳しい使い方は52ページで解説しています。

Command 11 [図形]コマンド
図形を配置するコマンド。詳しい使い方は54ページで解説しています。

Jw_cad 8の
表示設定と終了

表示設定

付録CD-ROMに収録されている「Jw_cad 8.01b」で本書の作図練習をすると、一部の仮線表示が消えずに残ってしまう現象が起こることがあります。このため、初めに[Direct2D]表示設定を解除します。

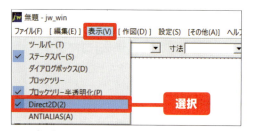

1 [表示]メニューから[Direct2D]を選択します。

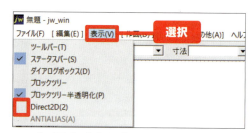

2 再度、[表示]メニューを選択し、[Direct2D]のチェックが外れていることを確認してください。

Jw_cadの終了

Jw_cadを終了するときにはウィンドウ右上の[閉じる]ボタンをクリックするか、[ファイル]メニューの[Jw_cadの終了]を選択します。

Hint
編集中のデータを保存していない場合は、保存確認のメッセージが表示されます(保存については32ページ参照)。

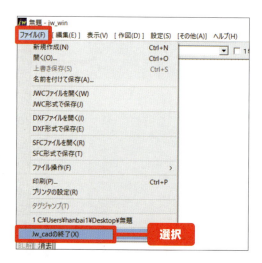

Jw_cad 8がうまく動作しない場合は？

Jw_cad 8がうまく動作しない（操作になんらかの支障が出る）場合は、Jw_cad 8をアンインストールし、付録CD-ROMに収録されている「Jw_cad 7.11」をインストールしてご使用ください。以下に、Jw_cad 8のアンインストール方法とJw_cad 7.11のインストール方法を解説します。

※なお、「Jw_cad 8.01b」「Jw_cad 7.11」の両方をパソコンにインストールすることは本書ではお勧めしません。両方をインストールした場合の質問にはお答えできません。あらかじめご了承ください。

Jw_cad 8のアンインストール

パソコンにインストールした「Jw_cad 8.01b」のアンインストール方法を説明します。

1 8ページと同じ手順でインストールウィザードを開きます。[次へ]ボタンをクリックします。

2 [削除]を選択して[次へ]ボタンをクリックします。

3 [削除]ボタンをクリックすると、Jw_cadのアンインストールが始まります。

4 Jw_cadのアンインストールが終了したら、[完了]ボタンをクリックします。

> **Hint**
> アンインストールが完了しても、Cドライブの「JWW」フォルダーとその中の一部のファイルは削除されずに残ります。「Jw_cad 7.11」のインストールでも同じフォルダーが使われますので、そのままでも問題はありません。

「Jw_cad 7.11」のインストール

付録CD-ROMに収録されている「Jw_cad 7.11」をインストールする方法を説明します。以降の操作は必ず「Jw_cad 8.01b」をアンインストールしたあとに実行してください。

1 8ページと同じ手順で付録CD-ROMの「Jw_cad」フォルダーを開き、「jww711」ファイルをダブルクリックします。

2 Jw_cadのインストール先を問うダイアログボックスが表示されます。[C:¥jww]のまま[OK]ボタンをクリックします。

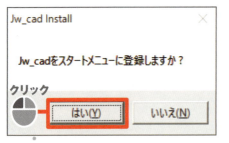

3 [Jw_cadをスタートメニューに登録しますか?]というメッセージが表示されたら、[はい]ボタンをクリックします。

4 [Jw_cadをインストールしました。]というメッセージが表示されたら、[OK]ボタンをクリックします。

5 「Jw_cad」フォルダーが開きます。フォルダーの中の「Jw_cad」のショートカットをデスクトップにコピーすれば、ショートカット起動が可能になります。

これだけ覚えれば図面が描ける！11コマンドの使い方

Part 1

まずは、コマンドの実行方法や、図形や文字の選択方法、レイヤの考え方、図面の保存と開き方といったJw_cadの基本的な操作方法を紹介します。続いて、図面を描くのに最低限必要な11個のコマンドの使い方を解説します。

最低限知っておくべき
Jw_cadの基本操作と知識

これから紹介する11個のコマンドを覚える前に、まずはJw_cadについて知っておかなければならないことがあります。それが基本的な操作であるコマンドの実行方法とやり直しの方法、作図画面の表示の移動と拡大・縮小の方法、作図した図形や文字の選択方法です。ここでは、Jw_cad特有のレイヤとレイヤグループの特性についても詳しく解説します。

基本操作と知識 01 コマンドの実行方法

Jw_cadのコマンドは、作図画面の周囲に配置されたコマンドのボタンをクリックしたり、メニューバーから実行したいメニューを選択することで実行します。本書で紹介する11個のコマンドのボタンはすべて、Jw_cadの標準状態で、作図画面の周囲に表示されており、本書で紹介しているほとんどの作業は、コマンドのボタンだけで行えるようになっています。
コマンドのボタンをクリックすると、ボタンが押された表示になります。このボタンが押されている表示の間は、そのコマンドが実行されているので、[／](線)コマンドなら連続して線を作図でき、[○](円)コマンドなら連続して円を作図できます。コマンドを終了させたい場合は、違うコマンドのボタンをクリックします。
Jw_cadは、コマンドが実行されていない(クリックされていない)状態にはなりません。起動時には[／](線)コマンドが実行されている状態になっています。

コマンドボタンでコマンドを実行

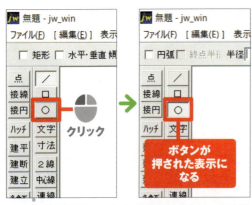
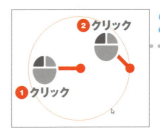

1 [○](円)コマンドのボタンをクリックすると、[○](円)コマンドのボタンが押された状態に変わります。これで[○](円)コマンドが実行された状態になります。

2 作図画面上の2個所をクリックすると、円が作図できます。

3 円を作図している[○](円)コマンドのボタンは押されたままですので、[○](円)コマンドは実行されたままです。

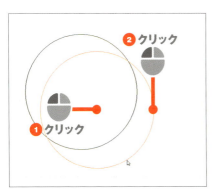
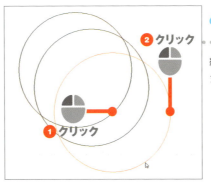

4 作図画面上の2個所をクリックするたびに、続けて円が作図できます。

円の作図を終えたい場合は、[○](円)コマンド以外のコマンドをクリックします。通常は、[／](線)コマンドをクリックするとよいでしょう。

5 [／](線)コマンドボタンをクリックすると、[／](線)コマンドのボタンが押された表示に変わります。これで、[／](線)コマンドが実行された状態となり、[○](円)コマンドは終了したことになります。

メニューバーでコマンドを実行

1 メニューバーの[作図]をクリックします。

2 [作図]の下に、メニューが表示されます。ここから目的のメニューをクリックで選択することで、それらの機能を実行できます。ここでは、[円弧]をクリックします。

3 [○](円)コマンドが実行され、[○](円)コマンドのボタンをクリックしたときと同様に、円を作図できます。

基本操作と知識 02 操作の取り消し

[戻る]ボタンをクリックした回数だけ、行った操作を取り消すことができます。標準状態では100手順前まで戻ることができます。また、[編集]メニューから[進む]を選択することで、戻した操作を進めることもできます。

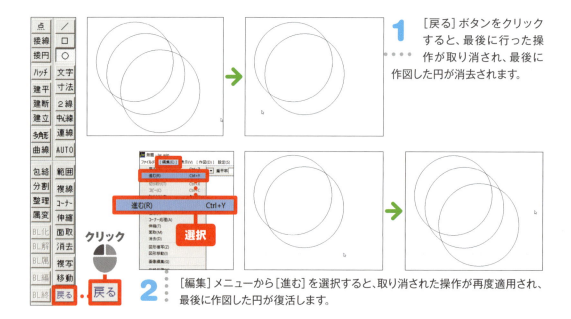

1 [戻る]ボタンをクリックすると、最後に行った操作が取り消され、最後に作図した円が消去されます。

2 [編集]メニューから[進む]を選択すると、取り消された操作が再度適用され、最後に作図した円が復活します。

基本操作と知識 03 作図画面の移動と拡大・縮小操作

細かい個所を作図するにはその部分を拡大表示すると、作図がしやすくなります。このように作図中は、作図画面を自由に拡大・縮小し、また移動することが頻繁に求められます。Jw_cadの作図画面表示の移動や拡大・縮小といった操作は、すべてマウスの両ボタンクリックや両ボタンドラッグという、簡単な操作で素早く行えます。一度身に付くと直感的に画面の表示操作を行えるようになるJw_cad特有の便利な機能の1つです。

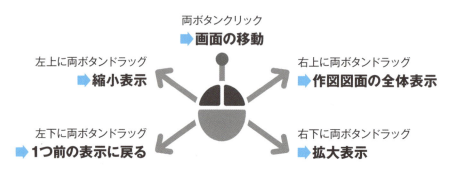

移動

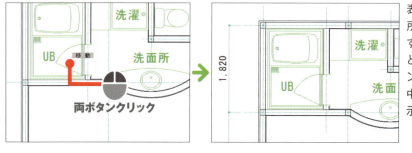

表示の中心としたい個所を両ボタンクリックすると、画面に[移動]と表示されます。両ボタンクリックした位置が中心になるように、表示画面が移動します。

縮小表示

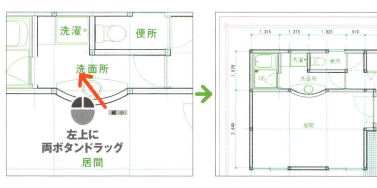

左上に両ボタンドラッグすると、画面に[縮小]と表示されます。マウスのボタンを離すと、表示倍率が1/2になり、画面が縮小表示されます。

拡大表示

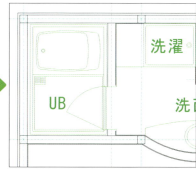

右下に両ボタンドラッグすると、[拡大]というメッセージと選択枠が表示されます。マウスのボタンを離すと、選択枠の範囲内が拡大表示されます。

作図画面の全体表示

右上に両ボタンドラッグすると、画面に[全体]と表示されます。マウスのボタンを離すと、作図した図面全体が表示されます。

1つ前の表示に戻る

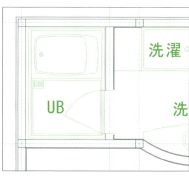

左下に両ボタンドラッグすると、画面に[前倍率]と表示されます。マウスのボタンを離すと、1つ前の倍率と場所の表示画面に戻ります。

基本操作と知識 **04 図形や文字の選択方法**

図形や文字を移動・複写するなどの作業を行う際に、目的の図形や文字を的確に選択する作業が必要になります。Jw_cadでは基本的に、図形はクリック、文字は右クリックで選択します。また、目的の図形を直接クリックで選択するほかに、選択枠で囲んで、複数の図形や文字を一括で選択することが可能です。このとき、選択枠の終点のクリックの仕方で、選択できる対象が、図形だけなのか、文字も含まれるのかが変わります。
本書では、[移動]コマンドで移動・複写する図形や文字を選択するのに、ここで紹介する選択操作が使われます。また、本書で扱う11コマンドには含まれませんが、[範囲]コマンドでも同様の方法で選択を行います。

● **クリックによる選択結果の違い**

クリック ➡ 線分や円弧などの図形が選択されます
右クリック ➡ 文字が選択されます

● **範囲選択の終点のクリックによる選択結果の違い**

終点をクリック ➡ 選択範囲枠に囲まれた図形のみが選択されます
終点を右クリック ➡ 選択範囲枠に囲まれた図形と文字が選択されます
終点をダブルクリック ➡ 選択枠に囲まれた図形に加え、選択枠と交差する図形も選択されます
終点を右ダブルクリック ➡ 選択範囲枠に囲まれた図形と文字に加え、選択範囲枠と交差する図形も選択されます

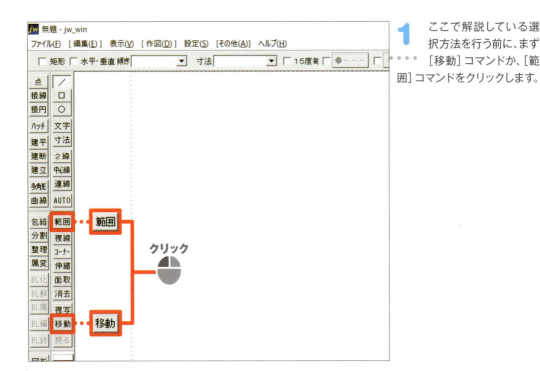

1 ここで解説している選択方法を行う前に、まず[移動]コマンドか、[範囲]コマンドをクリックします。

[移動]コマンドや[範囲]コマンドをクリックすると、対象を範囲選択することが求められます。範囲選択は、始点と終点をクリックすることによって、その2点を対角線とする選択枠内の図形や文字を選択するという選択方法です。このとき、終点のクリックの方法によって、図形だけや文字も含むというように選択結果が変化します。範囲選択は、多くの図形や文字を選択する際に便利なテクニックです。

図形を範囲選択

2 始点をクリックし、終点をクリックします。範囲選択枠内の図形が選択されます。選択された図形は選択色のピンクで表示されます。

図形と文字を範囲選択

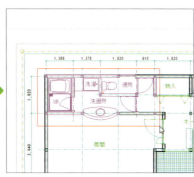

2 始点をクリックし、終点を右クリックします。範囲選択枠内の図形と文字が選択され選択色に変わります。

図形を交差選択

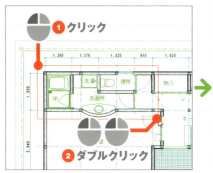

2 始点をクリックし、終点をダブルクリックします。範囲選択枠内の図形と、範囲選択枠と交差する線分が選択され選択色に変わります。

図形と文字を交差選択

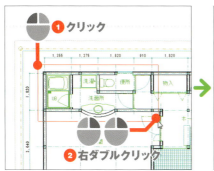
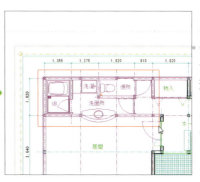

2 始点をクリックし、終点を右ダブルクリックします。範囲選択枠内の図形と文字、範囲選択枠と交差する線分が選択され選択色に変わります。

Part **1** これだけ覚えれば図面が描ける！ Jw_cadの基本操作と知識

範囲選択の後、図形をクリックしたり、文字を右クリックすることで、選択に追加できます。

図形の追加選択

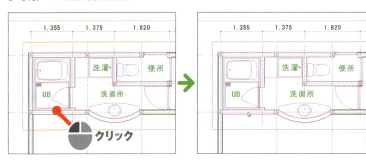

3 目的の図形（ここでは通り芯）をクリックします。クリックした図形が追加選択され、選択色に変わります。

文字の追加選択

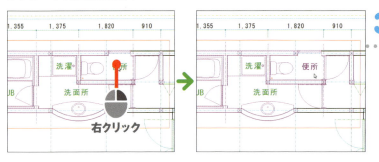

3 目的の文字を右クリックします。右クリックした文字が追加選択され、選択色に変わります。

選択されている図形をクリックしたり、文字を右クリックすることで、選択を解除できます。

図形の選択解除

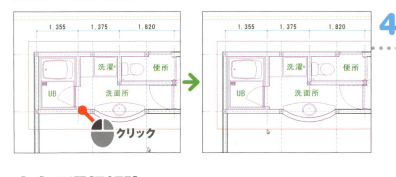

4 選択された図形をクリックします。図形の選択が解除され、元の色に戻ります。

文字の選択解除

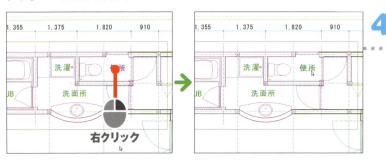

4 選択された文字を右クリックします。文字の選択が解除され、元の色に戻ります。

Hint

連続線を右クリックすると、連続線を一度で選択できます。

基本操作と知識 05 端点や交点を正確にクリックする

Jw_cadで正確な寸法の図面を作図するには、線分の始点と終点、図形の端点や交点などを正確にクリックして指示する必要があります。

通常のクリックでは、クリックした正確な位置が読み取られるため、端点や交点をクリックしたつもりでも微妙に位置がズレて誤差が生じます。これを防ぐために、Jw_cadでは読取点という機能が用意されています。これは、通常クリックで位置を指示する際に、右クリックすることで、右クリックした位置と最も近い端点や交点を自動的に読み取るという機能です。

説明すると難しく感じられるかもしれませんが、図形の端点や交点を正確に指示したいときは右クリックすると覚えておきましょう。

クリックの場合

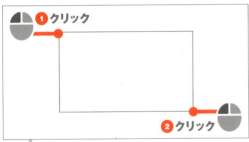

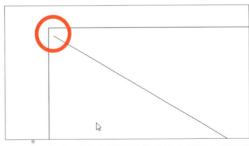

1 ［／］（線）コマンドをクリックします。矩形の対角の2点をクリックして、線分を作図します。

2 クリックした矩形の角を拡大表示してみると、角と線分の端点がズレています。

右クリックの場合

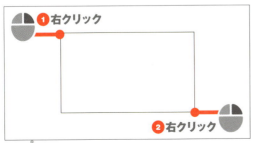

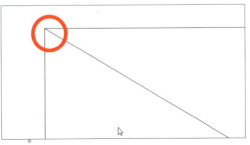

1 ［／］（線）コマンドをクリックします。矩形の対角の2点を右クリックして、線分を作図します。

2 右クリックした矩形の角を拡大表示してみると、角と線分の端点がピッタリ合っています。

基本操作と知識 **06 レイヤとレイヤグループ**

Jw_cadにはレイヤとレイヤグループという機能があります。レイヤとは図面の層のことで、簡単に説明すると透明な用紙のようなものです。レイヤグループとは、0～Fの16枚のレイヤをひとまとめにしたグループのことです。Jw_cadでは、1枚の図面が0～Fの16枚のレイヤグループを持ちます。つまり、16枚のレイヤグループ×16レイヤ＝256枚のレイヤを持っていることになります。

まとめると、Jw_cadの図面は256枚のレイヤ（透明な用紙）が重なったもので、作図するレイヤを自由に変えることができます。図面枠や躯体といった作図要素ごとに、異なるレイヤに作図することができるというわけです。各レイヤやレイヤグループは、個別に編集可能・非表示・表示のみ（表示はしているが選択・編集はできない）にすることができます。レイヤグループは個別の縮尺を持つことができます。レイヤとレイヤグループは、0～Fの番号で表されますが、各レイヤとレイヤグループに名称を付けることもできます。また、本書では詳しい方法は紹介しませんが、レイヤごとに作図する線色と線種を設定することもできます。もちろん、256枚のレイヤをすべて使う必要はありませんし、おすすめはしませんが、1枚のレイヤにすべての図面を描いてもかまいません。本書で作図する図面は、図面枠、通り芯、躯体、仕上げ、建具、その他の要素でレイヤとレイヤグループを分けて描いています。これによって、後から、躯体だけを修正したいといったときに、躯体のレイヤだけを表示すれば、躯体の選択・編集がしやすくなるわけです。

レイヤとレイヤグループは、初心者には難しく感じられる機能ですが、Jw_cadの最も便利な機能の一つです。ぜひ利用することをおすすめします。本書では、単純なレイヤ分けをしているので、本書のPart2の作図を体験することで、レイヤの基本的な使い方に慣れてください。

● **本書の作図で使用するレイヤとレイヤグループ**

レイヤグループ	レイヤ	レイヤ
0レイヤグループ (1/50) 一般図	0レイヤ 通り芯	0レイヤ 図面枠
1レイヤグループ (1/1) 枠	1レイヤ 躯体	1レイヤ
2レイヤグループ	2レイヤ 仕上	2レイヤ
3レイヤグループ	3レイヤ 建具	3レイヤ
4レイヤグループ	4レイヤ その他	4レイヤ
5レイヤグループ	5レイヤ 寸法	5レイヤ
6レイヤグループ	6レイヤ ハッチ	6レイヤ
7レイヤグループ	7レイヤ 図形	7レイヤ
8レイヤグループ	8レイヤ 補助線	8レイヤ
9レイヤグループ	9レイヤ 敷地	9レイヤ
Aレイヤグループ	Aレイヤ 外構	Aレイヤ
Bレイヤグループ	Bレイヤ 文字	Bレイヤ
Cレイヤグループ	Cレイヤ	Cレイヤ
Dレイヤグループ	Dレイヤ	Dレイヤ
Eレイヤグループ	Eレイヤ	Eレイヤ
Fレイヤグループ	Fレイヤ	Fレイヤ

[レイヤ]ツールバーと[レイヤグループ]ツールバーの表示

[レイヤ]ツールバーはレイヤ番号が丸で囲まれており、[レイヤグループ]ツールバーは、レイヤグループ番号が四角で囲まれています。

描き込みレイヤの選択、レイヤの編集可能・非表示・表示のみなどの操作はすべて、[レイヤ]ツールバーと[レイヤグループ]ツールバーで行えます。レイヤ・レイヤグループの描き込み・編集可能・非表示・表示のみなどの状態は、すべて各レイヤ・レイヤグループの番号の表示でわかるようになっています。

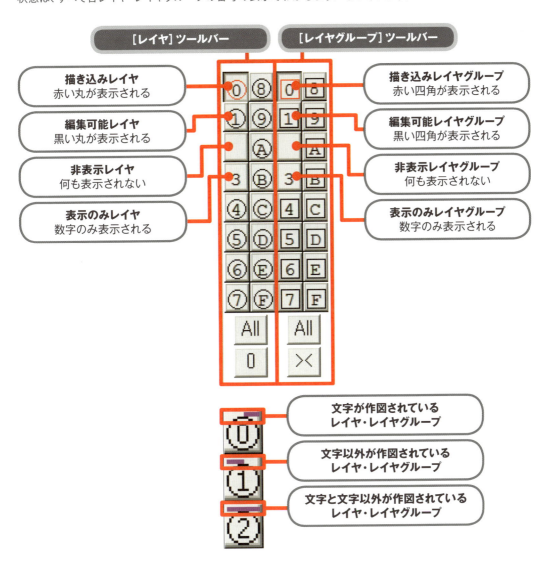

描き込みレイヤ・レイヤグループ
▶ 図形や文字を描き込んだり、選択・編集できるレイヤ・レイヤグループ

編集可能レイヤ・レイヤグループ
▶ 作図されている図形や文字を選択・編集できるレイヤ・レイヤグループ

非表示レイヤ・レイヤグループ
▶ 作図されている図形や文字が非表示になっているレイヤ・レイヤグループ

表示のみレイヤ・レイヤグループ
▶ 作図されている図形や文字は表示されてはいるが、選択・編集はできないレイヤ・レイヤグループ

右クリックで選択

クリックするたびに、編集可能レイヤ→非表示レイヤ→表示のみレイヤ→編集可能レイヤへと順に切り替わります。レイヤグループも同様です

描き込みレイヤの指定

描き込みレイヤ・レイヤグループとは、図形や文字を描き込めるレイヤのことです。描き込みレイヤ・レイヤグループは常に表示され編集可能なため、編集可能・非表示・表示のみの切り替えはできません。
ここでは、描き込みレイヤの指定方法を解説していますが、レイヤグループの操作も同様です。

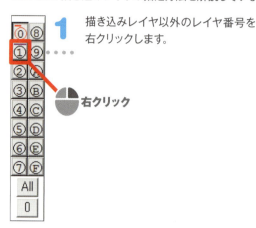

1 描き込みレイヤ以外のレイヤ番号を右クリックします。

2 右クリックしたレイヤが赤い丸（レイヤグループの場合は赤い四角）で囲まれ、描き込みレイヤになります。

レイヤの編集可能・非表示・表示のみの切り替え

レイヤ・レイヤグループ番号をクリックするたびに、編集可能→非表示→表示のみ→編集可能の順に切り替わります。

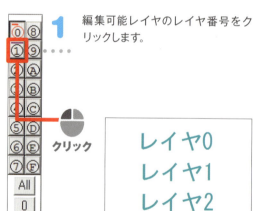

1 編集可能レイヤのレイヤ番号をクリックします。

2 クリックしたレイヤ番号が消え、レイヤが非表示になります。
レイヤ番号をクリックします。

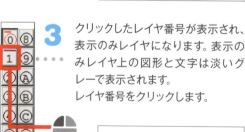

3 クリックしたレイヤ番号が表示され、表示のみレイヤになります。表示のみレイヤ上の図形と文字は淡いグレーで表示されます。
レイヤ番号をクリックします。

4 レイヤが丸（レイヤグループの場合は四角）で囲まれ、編集可能レイヤになります。レイヤ上の図形と文字は正しい線種と線色で表示されます。

わかりやすい[レイヤ一覧]ダイアログボックス

本書の作例図面の作図では使用しませんが、レイヤの描き込み状況などが一目でわかる、便利な[レイヤ一覧]ダイアログボックスという機能があります。レイヤグループにも同様な[レイヤグループ一覧]ダイアログボックスがあり、使い方は同じです。

1 書き込みレイヤのレイヤ番号を右クリックします。

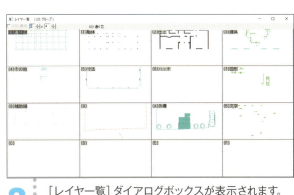

2 [レイヤ一覧]ダイアログボックスが表示されます。

各レイヤにはレイヤに描き込まれている図面のサムネイルが表示され、通常の作図画面と同じ操作で、移動・拡大・縮小などが行えます。
[レイヤ]ツールバーと同様に、サムネイルを右クリックすると描き込みレイヤにでき、クリックするたびに、編集可能→非表示→表示のみ→編集可能の順に切り替わります。
また、レイヤ番号をクリックすると、[レイヤ名設定]ダイアログボックスが表示され、レイヤ名を設定できます。

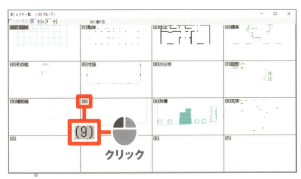

4 [レイヤ名設定]ダイアログボックスが表示されます。任意の名前(ここでは「敷地」)を入力して、[OK]ボタンをクリックします。

3 レイヤ番号をクリックします。

5 [レイヤ名設定]ダイアログボックスが閉じ、[レイヤ一覧]ダイアログボックスのレイヤ番号の後ろに、入力した名前が表示されます。

基本操作と知識 07 図面の開き方と保存の方法

Jw_cadで作図した図面は、保存することでJw_cadを終了した後に再び開いたり、ほかの人に受け渡すことができるようになります。図面を保存しないでJw_cadを終了すると、せっかく作図した図面が失われることになるので、保存は絶対に必要な操作です。パソコンやJw_cadはいつ何時、フリーズするなどのトラブルに見舞われるかわかりませんので、図面の保存はこまめにやっておくことをお勧めします。

● 図面を開く

ファイル名の末尾に「.jww」と付く図面ファイルは、Jw_cadの標準のファイル形式です。このファイル形式のファイルは、Jw_cadの［開く］コマンドから開くことができます。ここでは練習として、付録CD-ROMからコピーしたサンプルデータ（「Sample2-13」）を開いてみましょう。

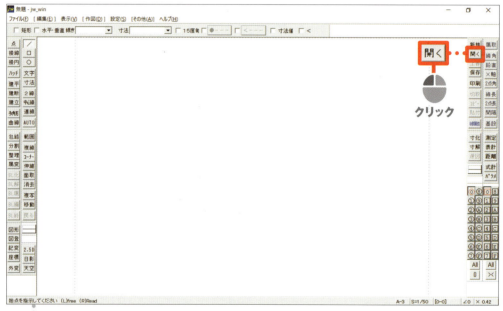

1 起動したJw_cadの［開く］コマンドをクリックします。

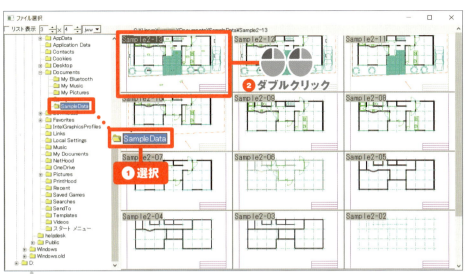

2 [ファイル選択] ダイアログボックスが表示されます。
❶ ダイアログボックス左のツリー表示から付録CD-ROMからサンプルデータをコピーしたフォルダ（ここでは[ドキュメント]）を展開し、「SampleData」を選択すると、収録されているjwwファイルのサムネイルが表示されます。
❷ 「Sample2-13」ファイルをダブルクリックします。

Hint

[ドキュメント]フォルダに「SampleData」をコピーした場合は、左のツリー表示で[C:] − [Users] − [(ユーザー名)] − [Documents]の順でフォルダを展開します。

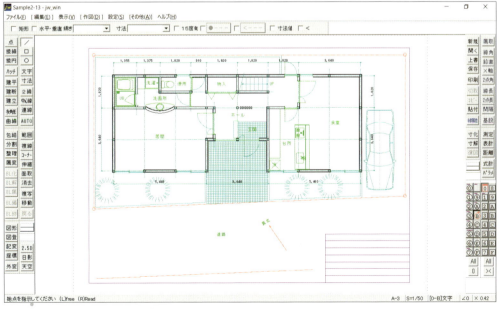

3 「Sample2-13」(.jww) が開きます。

● **図面を保存する**

Jw_cadで作成した図面を保存すると、ファイル名の後ろに「.jww」が付いたファイルとして保存されます。
保存は、[保存]コマンドをクリックして実行します。
前ページで開いた図面「Sample2-13」(.jww)をデスクトップに保存してみましょう。

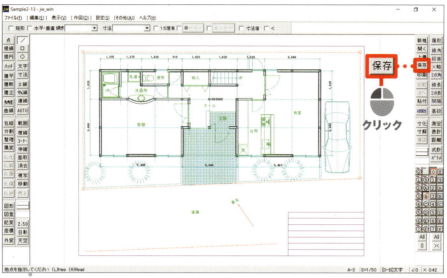

1 [保存]コマンドをクリックします。

[保存]コマンドをクリックすると、[ファイル形式]ダイアログボックスが表示されます。このダイアログボックスで、図面の保存先を指定します。

ダイアログボックス左のツリー状に表示されているフォルダが、お使いのパソコンのフォルダ構成図です。
フォルダ左の[＋]をクリックすると、下に中のフォルダが表示されます。[－]をクリックすると、今度は中のフォルダが非表示になります。

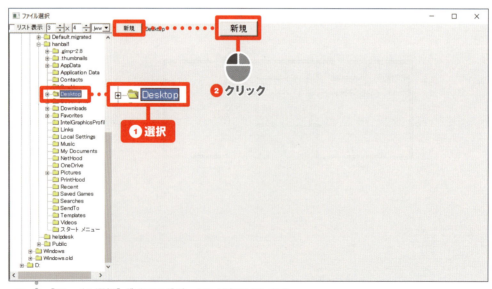

2 [ファイル選択]ダイアログボックスが表示されます。
❶ 保存先のフォルダ(ここでは「Desktop」)を選択し、❷ 画面上部の[新規]ボタンをクリックします。

Hint

左側のツリー表示で、[C :] - [Users] - [(ユーザー名)] の順で展開していくと、[Desktop] が表示されます。

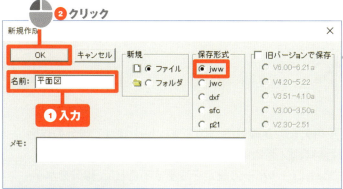

3 [新規作成] ダイアログボックスが表示されます。

❶ 名前にファイル名を入力します（ここでは「平面図」としました）。

❷ [保存形式] で [jww] が選択されているのを確認したら、[OK] ボタンをクリックします。

4 デスクトップに「平面図」(.jww) ファイルが作成されます。

Command 1 /

[／](線) コマンド

図面作図において、必要不可欠なのが線分の作図です。Jw_cadで線分の作図は、[／](線) コマンドで行います。基本的には、始点と終点をクリックで指示して線分を作図しますが、コントロールバーの設定を変更することで、線分を水平・垂直に作図したり、傾きや寸法を指定したり、丸付き線や矢印、寸法付きで作図することができます。

[／](線) コマンドの使い方

01 基本的な線分の描き方とコントロールバー

線分は始点と終点をクリックすることで作図できます。

1 [／](線) コマンドをクリックします。

2 作図画面上の任意の2点を順にクリックします。

3 クリックした2点を結ぶ線分が作図されます。

[／](線) コマンドをクリックすると、[／](線) コマンドのコントロールバーが表示されます。コントロールバーでは、作図する線の水平・垂直方向への拘束、15度毎の傾きへの拘束、傾き、寸法、寸法値の表示、端点に丸を付ける、矢印を付けるなどの設定が行えます。

❶ チェックを入れると [□](矩形) コマンドに切り替わります。[□](矩形) コマンドでは、矩形の対角線をクリックすることで、矩形を作図できます

❷ チェックを入れると、作図する線分が水平・垂直に拘束されます

❸ 作図する線分の傾きを入力します。[▼] ボタンをクリックして、表示されるリストから傾きを選択することもできます

❹ 作図する線分の長さを入力すると、クリックした始点から入力した長さの線分を作図できます。[▼] ボタンをクリックして、表示されるリストから長さを選択することもできます

❺ チェックを入れると、作図する線分の傾きが、0度、15度、30度、45度……といった具合に、15度ごとの傾きに拘束されます

❻ チェックを入れると、線分の端点に●が作図されます［●ーーー］ボタンをクリックすると、［●ーーー］→［ーーー●］→［●ーー●］→［●ーーー］の順に変化し、●を付ける端点を指定できます

❼ チェックを入れると、線分の端点に矢印が作図されます。［<ーーー］ボタンをクリックすると、［<ーーー］→［ーーー>］→［<ーー>］→［<ーーー］の順に変化し、矢印を付ける端点を指定できます

❽ チェックを入れると、作図した線分に寸法が付記されます

❾ チェックを入れて、作図された線分をクリックすると、クリックした点に近い端点に矢印が作図されます

Hint 作図する線分の線種・線色の設定方法は、102ページで解説しています。

Hint 作図された線分に矢印を書き加える操作手順は、222ページで解説しています。

02 ［／］(線)コマンドの使い方 — 水平・垂直線を描く

水平・垂直・15度ごとに拘束された状態で線分を作図してみましょう。

1 ［／］(線)コマンドをクリックして、コントロールバーの［水平・垂直］にチェックを入れます。

2 線分の始点をクリックすると、マウスポインタの位置に水平・垂直に拘束された仮表示線が表示されます。任意の位置をクリックします。

Hint ［15度毎］にチェックを入れると、マウスポインタの位置に0度、15度、30度、45度……といった具合に、15度毎の傾きに拘束された仮表示線が表示されます。

03 ［／］(線)コマンドの使い方 — 傾き、長さを指定して線分を描く

傾き30度、長さ1000で、丸と寸法が付いた線分を作図してみましょう。

1 ［／］(線)コマンドをクリックします。コントロールバーの［傾き］に「30」、［寸法］に「1000」と入力し、［●ーーー］と［寸法値］にチェックを入れます。

2 線分の始点をクリックすると、マウスポインタの位置にコントロールバーに入力した角度と長さに拘束された仮表示線が表示されます。

3 任意の位置をクリックすると、コントロールバーに入力した傾きと角度の線分とその寸法が作図され、始点には●も作図されます。

[○](円)コマンド

円や円弧もまた図面に欠かせない作図要素です。Jw_cadでは、円、円弧、楕円、楕円弧はすべて[○](円)コマンドで作図できます。円や円弧、楕円、楕円弧の描き分けは、すべてコントロールバーの設定で行えます。基本的には中心と円周をクリックで指示することで円を作図します。円弧はさらに、円弧の終点をクリックで指示します。楕円は、コントロールバーで扁平率を指定することで作図でき、傾きも指定できます。

[○](円)コマンドの使い方

01 基本的な円の描き方とコントロールバー

円は中心と円周上の点をクリックすることで作図できます。

1 [○](円)コマンドをクリックします。

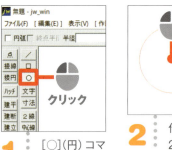

2 作図画面上の任意の2点をクリックします。

3 最初にクリックした点を中心に、次にクリックした点を半径とする円が作図されます。

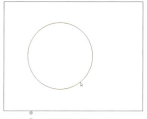

[○](円)コマンドをクリックすると、[○](円)コマンドのコントロールバーが表示されます。コントロールバーでは、円弧の作図、半径の寸法、扁平率、(楕円の)傾き、基点の位置などの設定が行えます。

❶ チェックを入れると円弧が作図できます。円弧は、中心→始点→終点の順にクリックして作図します

❷ [円弧]にチェックを入れるとアクティブになります。チェックを入れると、終点をクリックした位置で、円弧の半径が決定されます

❸ 作図する円や円弧の半径を入力します。[▼]ボタンをクリックして、表示されるリストから半径を選択することもできます

❹ 作図する楕円や楕円弧の扁平率を入力します。扁平率は、楕円の水平方向の径に対する垂直方向の径の割合で、「50」と入力すると、垂直方向の径が水平方向の径の50％の楕円が作図できます。[▼]ボタンをクリックして、表示されるリストから扁平率を選択することもできます

❺ 楕円や楕円弧の傾きを入力します（楕円以外では変化は生じません）。[▼]ボタンをクリックして、表示されるリストから角度を選択することもできます

❻ [半径]を指定していない場合は、クリックごとに、[中央]←→[外側]の順に切り替わります。[外側]の状態で作図すると、クリックした2点が円の直径になります。
[半径]を指定している場合は、クリックするごとに[中・中]→[左・上]→[左・中]→[左・下]→[中・下]→[右・下]→[右・中]→[右・上]→[中・上]→[中・中]と切り替わり、円の基点が[中・中]は中心、[左・上]は左上といった具合に変更されます

[○](円)コマンドの使い方 02 円弧を描く

1 [○](円)コマンドをクリックします。

2 コントロールバーの[円弧]にチェックを入れます。

3 円弧の中心と始点をクリックで指定します。

4 円弧の終点をクリックで指定します。

5 円弧が作図されました。

[○](円)コマンドの使い方 03 楕円を描く

半径600mm、傾き30度、扁平率50％の楕円を作図してみましょう。

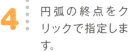

1 [○](円)コマンドをクリックします。コントロールバーの[半径]に「600」、[扁平率]に「50」、[傾き]に「30」と入力します。

2 半径600mm、傾き30度、扁平率50％の楕円が、マウスポインタの動きに合わせて、仮表示されます。

3 作図画面をクリックすると、クリックした位置に楕円が作図されます。

Hint
[中・中]ボタンをクリックすると、基点の位置を変更できます。

Command 3

[文字]コマンド

線分や円、円弧などの図形だけでなく、図面には文字も必要です。Jw_cadでは文字を[文字]コマンドで作図します。[文字]コマンドは多機能で、文字の大きさを選べるのはもちろん、縦書き、横書き、縦字なども作図できます。書体も、パソコンにインストールされている日本語フォントから自由に選択できますが、図面データの受け渡しを考えると、Windowsパソコンに標準的にインストールされている「MSゴシック」などのフォントを選択したほうがよいでしょう。

01 文字の書き方とコントロールバー

[文字]コマンドの使い方

文字は、[文字入力]ダイアログボックスに文字列を入力し、文字を配置したい場所をクリックすることで記入できます。

1 [文字]コマンドをクリックします。

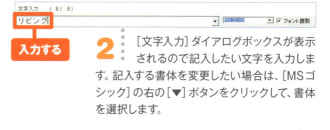

2 [文字入力]ダイアログボックスが表示されるので記入したい文字を入力します。記入する書体を変更したい場合は、[MSゴシック]の右の[▼]ボタンをクリックして、書体を選択します。

3 マウスポインタに追随して、入力した文字の大きさの矩形が仮表示されます。

4 文字を配置したい場所をクリックすると、文字が記入されます。

[文字]コマンドをクリックすると、[文字]コマンドのコントロールバーが表示されます。コントロールバーでは、書き込み文字種（書体ではなく、文字の大きさと色）の確認と、文字列の水平・垂直方向、文字の傾きの設定、基点の変更などが行えます。

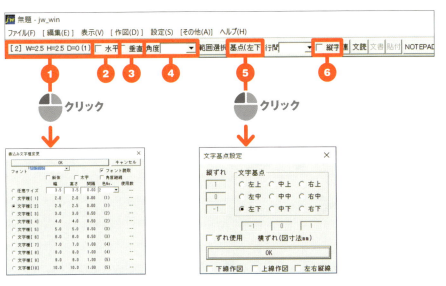

① 作図する文字の文字種が表示されているボタンです。図の場合、[[2]]が[文字種[2]]、[W＝2.5]が文字の幅、[H＝2.5]が文字の高さ（どちらも単位はmm）、[D＝0]は文字の間隔、[(1)]は[文字色(1)]であることを表しています。
ボタンをクリックすると、[書込み文字種変更]ダイアログボックスが表示されます。文字種を選択すると、ダイアログボックスが閉じ、設定がボタンの表示に反映されます

② チェックを入れると、作図する文字が水平になります。[垂直]にチェックを入れておらず、[角度]に角度を入力していない場合は、ここにチェックを入れなくても書き込み文字は水平になります

③ チェックを入れると、作図する文字が垂直になります

④ 作図する文字の傾きを入力します。[▼]ボタンをクリックして、表示されるリストから傾きを選択することもできます

⑤ 作図する文字の基点が表示されているボタンです。クリックすると、[文字基点設定]ダイアログボックスが表示されます。文字基点を選択すると、ダイアログボックスが閉じ、設定がボタンに反映されます

⑥ チェックを入れると書く文字が、左に90度回転します。あわせて[垂直]にチェックを入れると、縦書きの文字が作図できます

[文字]コマンドの使い方

02 傾斜した文字を書く

左方向に15度傾いた、縦書きの文字を作図してみましょう。

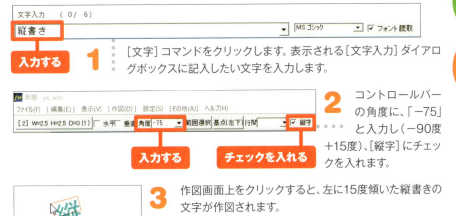

1　[文字]コマンドをクリックします。表示される[文字入力]ダイアログボックスに記入したい文字を入力します。

2　コントロールバーの角度に、「−75」と入力し（−90度＋15度）、[縦字]にチェックを入れます。

3　作図画面上をクリックすると、左に15度傾いた縦書きの文字が作図されます。

Command 4 [寸法] コマンド

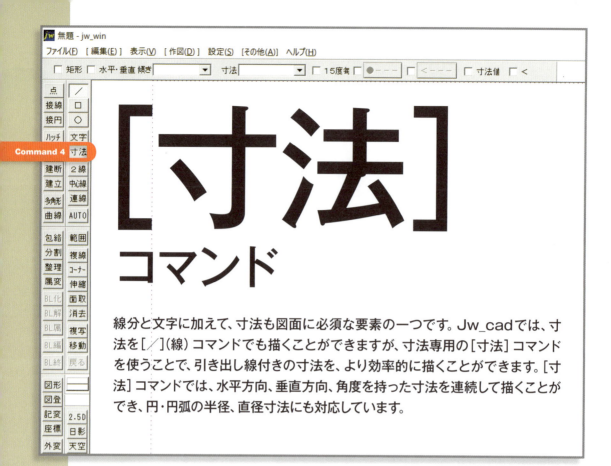

線分と文字に加えて、寸法も図面に必須な要素の一つです。Jw_cadでは、寸法を[／](線) コマンドでも描くことができますが、寸法専用の[寸法] コマンドを使うことで、引き出し線付きの寸法を、より効率的に描くことができます。[寸法] コマンドでは、水平方向、垂直方向、角度を持った寸法を連続して描くことができ、円・円弧の半径、直径寸法にも対応しています。

[寸法]コマンドの使い方

01 基本的な寸法の描き方とコントロールバー

寸法は、まず寸法引き出し線の端部と、寸法線の位置をクリックで指定してから、寸法を取りたい位置を右クリックすることで作図できます。途中で寸法を取りたくない位置がある時はその区間の終点をクリックすると、寸法作図から除外できます。

1 [寸法] コマンドをクリックします。

2 寸法引き出し線をそろえたい位置をクリックで指定すると、赤い点線が表示されます。

3 寸法線を描きたい位置をクリックで指定すると、赤い点線が表示されます。

4 寸法を取りたい位置を右クリックしていきます。寸法を取りたくない区間は、その終点をクリックすると寸法が作図されません。

5 コントロールバーの [リセット] ボタンをクリックすると、寸法引き出し線の作図位置と寸法線の作図位置が解除され、赤い点線が消え、寸法が確定します。

[寸法]コマンドをクリックすると表示されるコントロールバーでは、寸法線の傾き、寸法線の端部の形状、円の半径・直径寸法の作図、角度寸法の作図といった設定が行えます。

❶ 作図する寸法線の傾きを入力します。[▼]ボタンをクリックして、表示されるリストから傾きを選択することもできます

❷ クリックするたびに、❶の[傾き]が0度↔90度に切り替わります

❸ クリックすると、設定した引き出し線の作図位置と寸法線の作図位置が解除されます

❹ クリックして、円をクリックすると半径寸法が作図されます

❺ クリックして、円をクリックすると直径寸法が作図されます

❻ クリックして、円をクリックすると円周寸法が作図されます

❼ クリックして、中心(交点)、引き出し線の位置、寸法線の位置をクリックで指示し、測りたい角度の位置を右クリックすることで、角度が記入されます

❽ 寸法線の端部の形状を設定します。クリックするたびに、丸→外向きの矢印→内向きの矢印→丸の順に切り替わります

❾ クリックすると、[寸法設定]ダイアログボックスが表示され、寸法の文字のフォントや文字種、色といった、詳細な設定が行えます ※ここでは[文字種類]を「4」に設定

[寸法]コマンドの使い方 02 縦の寸法を描く

図面の左右に、縦の寸法を作図してみましょう。

1 [寸法]コマンドをクリックします。コントロールバーの[0°/90°]ボタンをクリックします。

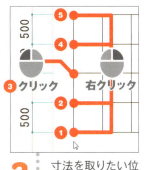

2 寸法引き出し線をそろえたい位置と寸法線を描きたい位置を順にクリックで指定すると、垂直な赤い点線が表示されます。

3 寸法を取りたい位置を右クリックしていきます。寸法を取りたくない位置は、区間終点をクリックするとその間の寸法は作図されません。

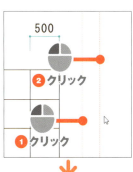

4 左側の縦の寸法が作図できたので、コントロールバーの[リセット]ボタンをクリックします。

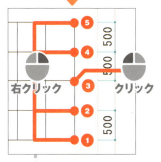

5 手順**2**、**3**と同様の方法で、右側の縦の寸法も作図できます。

[消去] コマンド

図面作図は設計作業の一環ですから、当然試行錯誤が生じます。つまり、一度描いた図形や文字を消去しなくてはならない場面があるということです。そんなときに[消去]コマンドで、目的の図形や文字を正確に選択し、消去できる必要があります。[消去]コマンドは、クリックの仕方やコントロールバーの設定によって、線分や線分の一部、円や円弧、文字を自在に消去することができます。

[消去]コマンドの使い方

01 図形と文字の消去

[消去]コマンドをクリックすると、右クリックした図形や文字が消去されます。ほかのコマンドを選択するまで、右クリックで連続して図形や文字を消去できます。

1 [消去]コマンドをクリックします。

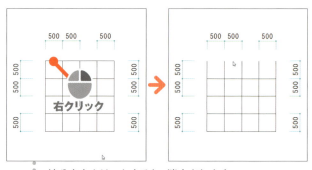

2 線分を右クリックすると、消去されます。

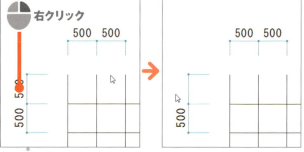

3 文字を右クリックすると、消去されます。

Part 1

これだけ覚えれば図面が描ける！

02 線分の部分消去

[消去]コマンドの使い方

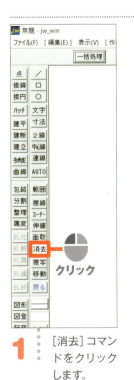

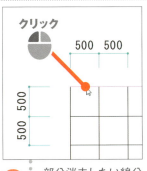

1 [消去]コマンドをクリックします。

2 部分消去したい線分をクリックで選択します。

3 消去したい区間をクリックで指示します。交点や端点を正確に指示したい場合は、右クリックで指示します。

4 右クリックで指示した区間が消去されます。

03 節間を消去

[消去]コマンドの使い方

1 [消去]コマンドをクリックします。コントロールバーの[節間消し]にチェックを入れます。

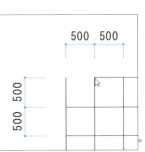

2 線分をクリックすると、交点間だけが消去されます。

Hint

[消去]コマンドは、ほかのコマンドをクリックするまで続行されるので（ほかのコマンドも同様ですが）、ここで紹介している様々な消去方法を連続して適用できます。

Command

1 [／](線)コマンド
2 [○](円)コマンド
3 [文字]コマンド
4 [寸法]コマンド
5 [消去]コマンド
6 [移動]・[複写]コマンド
7 [伸縮]コマンド
8 [コーナー]コマンド
9 [複線]コマンド
10 [ハッチ]コマンド
11 [図形]コマンド

[移動]・[複写]コマンド

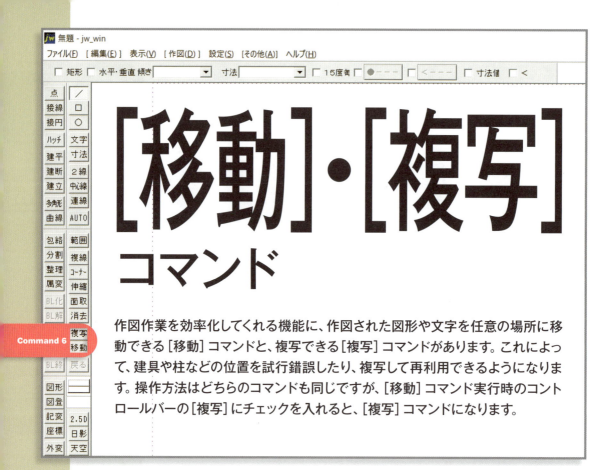

作図作業を効率化してくれる機能に、作図された図形や文字を任意の場所に移動できる[移動]コマンドと、複写できる[複写]コマンドがあります。これによって、建具や柱などの位置を試行錯誤したり、複写して再利用できるようになります。操作方法はどちらのコマンドも同じですが、[移動]コマンド実行時のコントロールバーの[複写]にチェックを入れると、[複写]コマンドになります。

[移動]・[複写]コマンドの使い方

01 移動の方法とコントロールバー

図形や文字の移動は、移動させたい図形や文字を選択してから、移動する位置を指示します。

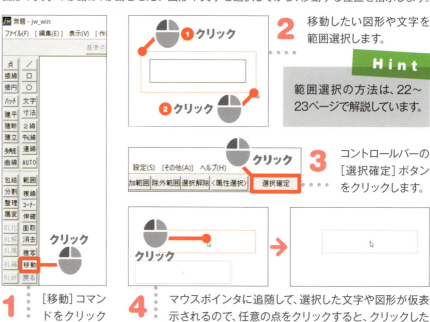

1 [移動]コマンドをクリックします。

2 移動したい図形や文字を範囲選択します。

Hint 範囲選択の方法は、22〜23ページで解説しています。

3 コントロールバーの[選択確定]ボタンをクリックします。

4 マウスポインタに追随して、選択した文字や図形が仮表示されるので、任意の点をクリックすると、クリックした位置に移動します。ほかのコマンドをクリックするまで、繰り返しクリックした位置に移動できます。

手順**3**で[選択確定]ボタンをクリックすると、次ページの図のようなコントロールバーが表示されます。コントロールバーでは、[移動]コマンドと[複写]コマンドの切り替え、移動方向の拘束、拡大・縮小、回転、移動距離などを設定できます。

① チェックを入れると、[複写]コマンドをクリックした場合と同様の機能になり、選択した図形や文字が移動ではなく複写されるようになります

② クリックすると表示が[任意方向]→[X方向]→[Y方向]→[XY方向]→[任意方向]の順に切り替わります。[X方向]は水平方向に、[Y方向]は垂直方向に、[XY方向]は水平・垂直方向に移動や複写が拘束されます

③ クリックすると基点(仮表示される図形や文字に対する、マウスポインタの位置)を変更できます。新しい基点は、作図画面上をクリック、もしくは右クリックした位置に設定されます

④ 移動・複写する図形や文字を、拡大・縮小したい場合にここに拡大率を入力します。入力方法は、「2,4」といった具合に、カンマで区切って数値を入力します。この場合、水平方向に2倍、垂直方向に4倍拡大するという意味になります。「-1,1」といった具合にマイナスを付けると、反転します。この場合、水平方向に反転するという意味になります。[▼]ボタンをクリックして、表示されるリストから拡大率を選択することもできます

⑤ 移動・複写する図形や文字の回転角度を入力します。[▼]ボタンをクリックして、表示されるリストから回転角度を選択することもできます

⑥ 複写した後にクリックすると、複写した図形や文字が、同じ方向と距離に連続して複写されます。移動コマンドでも使えます

⑦ 移動・複写したい位置を数値で入力します。入力方法は、「1000,-2000」といった具合に、カンマで区切って数値を入力します。この場合、水平右方向に1000mm、垂直下方向に2000mm移動、あるいは複写するという意味になります

⑧ クリックして、作図画面上の線分をクリックすると、その線分を基準に、図形や文字が反転移動・複写されます

[移動]・[複写]コマンドの使い方 02 複写の方法

コントロールバーの[複写]にチェックを入れると、図形や文字を複写できます。ここでは、回転連続複写に挑戦してみましょう。下の解説は、左ページの手順③以降の手順になります。

1 コントロールバーの[複写]にチェックを入れ、[回転]に「30」と入力し、[基点変更]ボタンをクリックします。

❶チェックを入れる　❸クリック　❷入力する

2 回転複写の基点としたい点を右クリックで指示します。ここでは、矩形の右下の角を右クリックしました。

3 マウスポインタに追随して、矩形が仮表示されます。ここでは複写先として、矩形の右下の角を右クリックしました。

4 コントロールバーの[連続]ボタンをクリックします。クリックするごとに、連続複写が行われます。

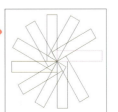

クリック

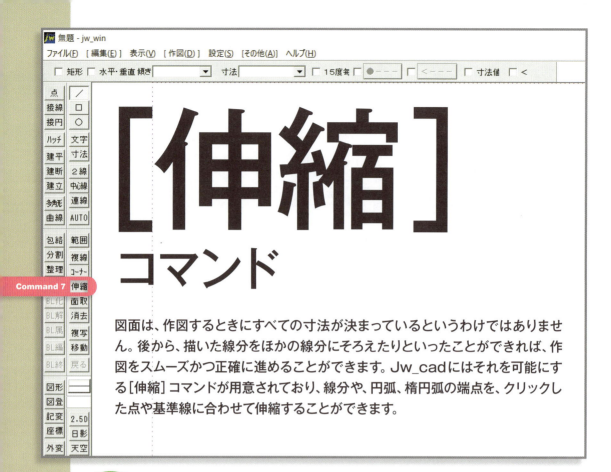

[伸縮]コマンド

図面は、作図するときにすべての寸法が決まっているというわけではありません。後から、描いた線分をほかの線分にそろえたりといったことができれば、作図をスムーズかつ正確に進めることができます。Jw_cadにはそれを可能にする[伸縮]コマンドが用意されており、線分や、円弧、楕円弧の端点を、クリックした点や基準線に合わせて伸縮することができます。

[伸縮]コマンドの使い方

01 線分を伸縮する

線分の伸縮は、伸縮したい線分をクリックで選択して、伸縮したい点をクリックで指示することで行えます。交点や端点を正確に伸縮させたい場合は、クリックではなく右クリックを使うことで正確な点を指示できます。

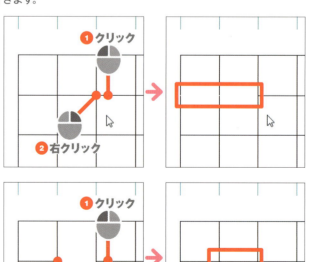

1 [伸縮]コマンドをクリックします。

2 伸縮したい線分をクリックで選択します。次に伸縮させたい位置をクリック、もしくは右クリックすると、クリック、もしくは右クリックした位置まで線分が伸縮します。

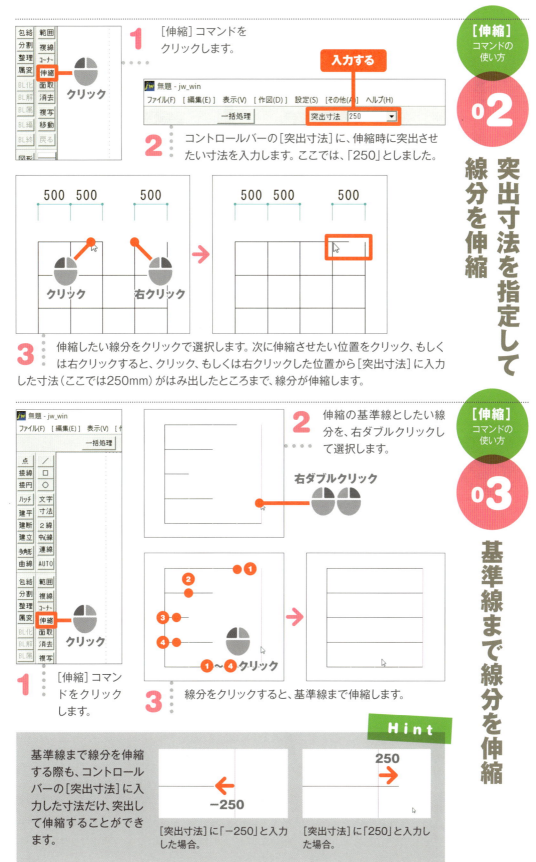

Command 8

[コーナー]
コマンド

伸縮と並んで作図をスムーズにしてくれる便利な機能が[コーナー]コマンドです。これは、線分や、円弧、楕円弧などの2本の線を、交点で自動的に連結してくれる機能です。この機能のおかげで、ラフに描いた線同士を正確に連結することができ、正確な図面を素早く描くことを可能にしています。もちろん、延長線上に交点が存在しない平行な線分同士には、この機能は使えません。

[コーナー]コマンドの使い方

01 コーナー処理を行う

交差している線分の残したい2か所をクリックしてコーナー処理します。

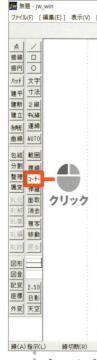
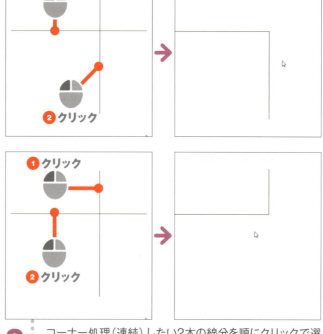

1 [コーナー]コマンドをクリックします。

2 コーナー処理（連結）したい2本の線分を順にクリックで選択します。2本の線分の交点の、線分のクリックした側が交点で連結されます。

[コーナー]コマンドでは、交差していない2本の線分の延長線上にある交点を自動的に算出して、コーナー処理してくれます。

[コーナー]コマンドの使い方 02　離れた線分をコーナー処理

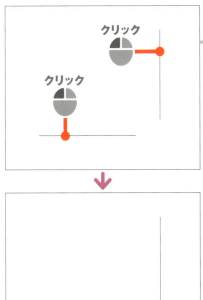

2　コーナー処理（連結）したい2本の線分をクリックして選択すると、2本の線分が延長線上の交点で連結されます。

1　[コーナー]コマンドをクリックします。

[コーナー]コマンドでは、直線同士だけでなく線分と円弧、円弧と円弧のコーナー処理も行えます。

[コーナー]コマンドの使い方 03　円弧のコーナー処理

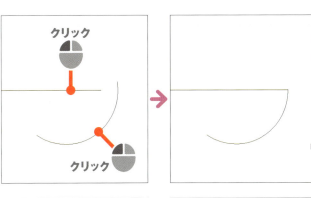

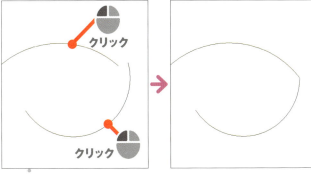

1　[コーナー]コマンドをクリックします。

2　線分と円弧、または2本の円弧をクリックすると、コーナー処理が実行されます。

Part 1　これだけ覚えれば図面が描ける！

Command
1 [／](線)コマンド
2 [○](円)コマンド
3 [文字]コマンド
4 [寸法]コマンド
5 [消去]コマンド
6 [移動]・[複写]コマンド
7 [伸縮]コマンド
8 [コーナー]コマンド
9 [複線]コマンド
10 [ハッチ]コマンド
11 [図形]コマンド

049

[複線]コマンド

Command 9

建築図面は、水平線と垂直線が多く使われ、通り芯（墨出し）からの距離で細かい位置を決定していく方法で作図が進められます。そんな建築図面の作図において、最も重宝するのが既存の線分から平行線（複線）が作図できる[複線]コマンドです。[複写]コマンドと似ていますが、[複写]コマンドでは座標距離で複写する位置を指定するのに対して、[複線]コマンドでは、元の線分と複線との鉛直距離を指示します。これは、斜めの線分でも同様です。

[複線]コマンドの使い方

複線を作図したい線分や円、円弧をクリックで選択し、コントロールバーの[複線距離]に距離を入力して、作図したい方向をクリックで指示することで複線を作図します。

01 複線作図の基本とコントロールバー

1 [複線]コマンドをクリックします。

2 複線を作図したい線分をクリックで選択します。

3 コントロールバーの[複線間隔]に作図する複線までの距離を入力します（ここでは「400」としました）。

入力する

4 マウスポインタを選択した線分の右に置くと右に、左に置くと左に、選択した線分から400mmの位置に複線が赤で仮表示されます。

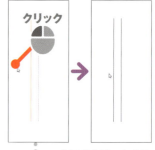

5 マウスをクリックすると、仮表示されていた位置に複線が作図されます。

[複線] コマンドをクリックすると、[複線] コマンドのコントロールバーが表示されます。コントロールバーでは、作図する複線までの距離や、複線の端点の指定、両側への複線作図、複線の連続作図などが行えます。

① 作図する複線までの距離を入力します。[▼] ボタンをクリックして、表示されるリストから距離を選択することもできます

② 複線を作図後にクリックすると、作図した複線から同じ距離に複線が連続して作図されます。クリックするたびに連続して複線を作図できます

③ 作図する複線が仮表示されている状態でアクティブになり、クリックすると、作図する複線の始点と終点をクリック、もしくは右クリックで指定できるようになります。[Shift] キー＋クリック、[Shift] キー＋右クリックでも同じことができます（本書では、後者の方法を紹介しています）

④ クリックすると連続線を選択でき、連続線の複線を一括で作図できます

⑤ クリックすると、複数の線分を選択でき、複数の線分の複線を一括で作図できます

⑥ [複線間隔] に作図する複線までの距離を入力した後にクリックすると、選択した線分の両側に複線が作図されます

⑦ チェックを入れて複線を作図すると、元の選択した線分が消去され、線分が平行移動した形になります

基準点に合わせて伸縮複線を作図してみましょう。

[複線] コマンドの使い方

02 伸縮させて複線を描く

1 [複線] コマンドをクリックして、複線を作図したい線分をクリックで選択します。コントロールバーの [複線距離] に作図する複線までの距離を入力します（ここでは「400」としました）。

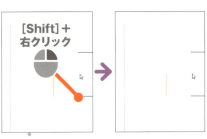

2 選択した線分から、マウスポインタのある側の距離400の位置に、複線が仮表示されます。伸縮複写の基準としたい点を [Shift] キーを押しながら右クリックすると、仮表示された複線が、右クリックしたのと平行な位置からマウスポインタの位置に合わせて伸縮します。

3 伸縮複写の基準としたいもう1点を右クリックすると、複線の長さが決定します。

4 マウスポインタの位置に合わせて、伸縮された複線が、元の線分の左右400mmの位置に仮表示されるので、どちらかでクリックすると、仮表示の位置に伸縮した複線が作図されます。

[ハッチ] コマンド

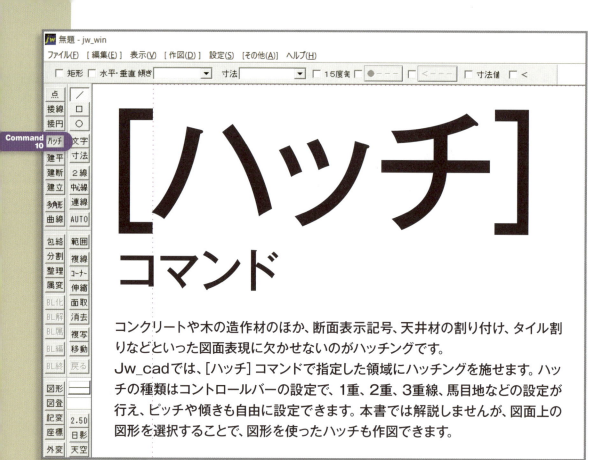

コンクリートや木の造作材のほか、断面表示記号、天井材の割り付け、タイル割りなどといった図面表現に欠かせないのがハッチングです。
Jw_cadでは、[ハッチ]コマンドで指定した領域にハッチングを施せます。ハッチの種類はコントロールバーの設定で、1重、2重、3重線、馬目地などの設定が行え、ピッチや傾きも自由に設定できます。本書では解説しませんが、図面上の図形を選択することで、図形を使ったハッチも作図できます。

[ハッチ] コマンドの使い方

01 ハッチングの描き方

ハッチングは、コントロールバーでハッチの形状を設定して、ハッチングを施したい図形の各辺をクリックで指定することで作図できます。

1 [ハッチ]コマンドをクリックします。

2 コントロールバーで、ハッチの形状を設定します。ここでは、標準設定のままとしましょう。

3 ハッチングを施したい図形の辺を順にクリックで選択していきます。最初にクリックした辺には波線が表示され、2本目以降の辺は選択色に変化します。最後に、最初にクリックした辺❶をクリックすると、波線が消え、選択色で表示されます。

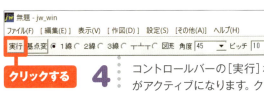

4 コントロールバーの[実行]ボタンがアクティブになります。クリックすると、選択した辺に囲まれる範囲にハッチングが施されます。

コントロールバーの設定を変えることで、さまざまなハッチングを作図できます。

[ハッチ]コマンドの使い方

02 コントロールバーの設定といろいろなハッチング

① クリックするとハッチングが実行されます。ハッチ範囲を指定するとアクティブになります

② クリックするとハッチングの基点を変更できます。基点は作図画面上をクリックして指示します

③ [1線]を選択すると1本線に、[2線]を選択すると2重線に、[3線]を選択すると3重線になります。[2線][3線]を選択すると、[ピッチ]の右に[線間隔]が表示され、2重線、3重線の間隔を設定できます

④ 選択すると馬目地のハッチが作図できます。選択すると、[ピッチ]が[縦ピッチ]と[横ピッチ]に変更され、馬目地のピッチを縦と横に設定できます

⑤ 選択すると、任意の図形でハッチが作図できます。ハッチに使う図形は、[範囲選択]ボタンをクリックして、任意の図形を選び、コントロールバーに表示される[選択図形登録]ボタンをクリックすることで選択します

⑥ ハッチの角度を指定します。[▼]ボタンをクリックして、表示されるリストから角度を選択することもできます

⑦ ハッチのピッチを指定します。[▼]ボタンをクリックして、表示されるリストからピッチを選択することもできます

⑧ チェックを入れると、[ピッチ]や[線間隔]などが実寸指定できるようになります

⑨ クリックすると、選択したハッチング範囲が解除されます

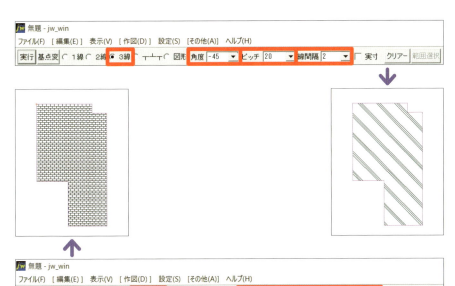

[図形] コマンド

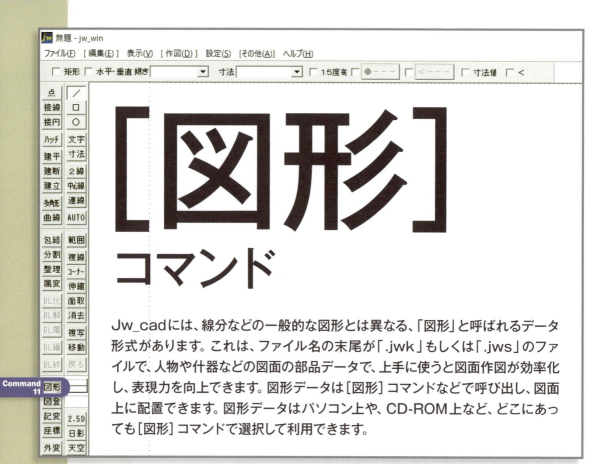

Jw_cadには、線分などの一般的な図形とは異なる、「図形」と呼ばれるデータ形式があります。これは、ファイル名の末尾が「.jwk」もしくは「.jws」のファイルで、人物や什器などの図面の部品データで、上手に使うと図面作図が効率化し、表現力を向上できます。図形データは[図形]コマンドなどで呼び出し、図面上に配置できます。図形データはパソコン上や、CD-ROM上など、どこにあっても[図形]コマンドで選択して利用できます。

[図形]コマンドの使い方

図形データは、[図形]コマンドをクリックすると表示される[ファイル選択]ダイアログボックスで貼り付けたい図形データを選択し、作図画面の配置したい位置をクリックで指示することで配置できます。

01 図形の配置

1 [図形]コマンドをクリックします。

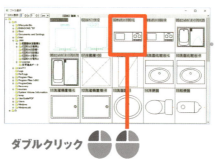

2 [ファイル選択]ダイアログボックスが表示されます。標準設定では、「Cドライブ」-「jww」-「≪図形01≫建築1」フォルダが開きます。配置したい図形をダブルクリックで選択します。

Hint

エクスプローラーで図形ファイルを見た図。[ファイル選択]ダイアログボックスでの表示と、ファイル名、フォルダの構成が対応しているのがわかります。

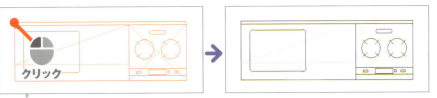

3 マウスポインタに追随して、選択した図形が仮表示されます。配置したい個所でクリック、もしくは右クリックすると、図形が配置されます。

コントロールバーの設定を変えることで、図形の配置をアレンジできます。

❶ クリックすると［ファイル選択］ダイアログボックスが表示され、図形を再選択できます

❷ 配置する図形を拡大・縮小したい場合にここに拡大率を入力します。入力方法は、「2,4」といった具合に、カンマで区切って数値を入力します。この場合、水平方向に2倍、垂直方向に4倍拡大するという意味になります。「−1,1」といった具合にマイナスを付けると、反転します。この場合、水平方向に反転するという意味になります。［▼］ボタンをクリックして、表示されるリストから拡大率を選択することもできます

❸ 配置する図形の傾きを入力します。［▼］ボタンをクリックして、表示されるリストから傾きを選択することもできます

❹ クリックするたびに、［回転角］が「90」→「180」→「270」→「0」になります

コントロールパネルの［倍率］に「−1,1」と入力すると、図形がX方向に反転されます。

コントロールパネルの［回転角］に「30」と入力すると、図形が反時計回りに30度傾きます。

FAX質問シート
FAX：03-3403-0582

- **本書記事に直接関係し、本質問シートをFAXにてお送りいただいたご質問のみ受け付けております**
  本質問シートはコピーしてお使いください。必須事項に記入漏れがある場合は回答できません。また、ご質問の内容によっては回答できない場合がございます。なお、回答には日数を要する場合がございます。お電話によるご質問はお受けできません。

- **下記のような内容のご質問は受け付けておりません**
  Jw_cadのダウンロード、インストールに関する内容／OSの操作方法やデータのコピーなど、パソコンの基本操作／本書記事に直接関係のない操作方法／環境固有の設定(特定の機種向け設定など)

ふりがな

氏名　　　　　　　　　　　　　　　年齢　　　歳　　　　性別　**男・女**

回答送信先FAX番号

ご質問の内容（本書記事のページおよび具体的なご質問の内容）

ご使用のパソコンの環境
(パソコンのメーカー名・機種名・OSの種類とバージョン、メモリ量、ハードディスク容量など。ご質問の内容によっては必要ありませんが、環境に影響されるご質問内容で記入されていない場合は回答できません)

実践！11コマンドで平面図を描いてみよう

Part 2

本書付録CD-ROMに収録したJw_cadとサンプル図面を使って、解説に従って図面作図に挑戦してみましょう。11個のコマンドの機能だけでも、自在に図面が描けるということが実感できるはずです。

実践！
この図面を描いてみよう！

Part2では、11個のコマンドだけを使って、平面図を描く手順を紹介します。
実際に描くのは下の図面です。
住宅の1階の基本設計時の平面詳細図です。
縮尺は1/50、用紙サイズはA3です。
この図面を自力で作図できるようになれば、
Jw_cadでどんな図面も自由自在に描けるようになるはずです。

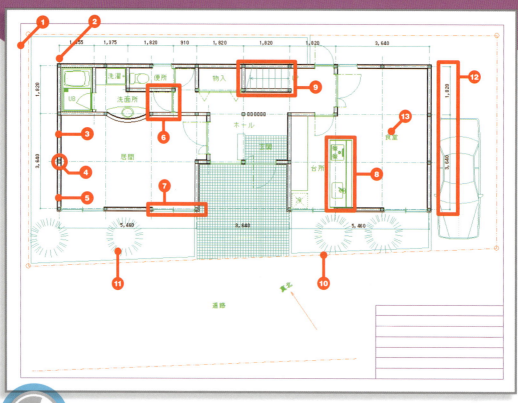

Sample Data「Sample2-13」(.jww)

完成図面データ「Sample2-13」(.jww) は、付録CD-ROMの「SampleData」に収録されています。

Part 2 実践！11コマンドで平面図を描いてみよう

Step 0	……	作図の準備 → 060 ページ
Step 1	……	図面枠を描く → 066 ページ
Step 2	……	通り芯を描く → 076 ページ
Step 3	……	壁を描く → 088 ページ
Step 4	……	柱と円弧壁を描く → 098 ページ
Step 5	……	仕上げ線を描く → 114 ページ
Step 6	……	扉を描く → 128 ページ
Step 7	……	窓を描く → 164 ページ
Step 8	……	図形を配置する → 186 ページ
Step 9	……	階段を描く → 204 ページ
Step 10	……	敷地を描く → 212 ページ
Step 11	……	外構を描く → 224 ページ
Step 12	……	寸法を記入する → 246 ページ
Step 13	……	文字を記入する → 252 ページ
Step 14	……	印刷する → 258 ページ

作図の準備

→ 環境設定ファイル・レイヤ

Jw_cadがインストールされた「JWW」フォルダ（c:¥JWW）には「jwf」という拡張子のついたファイルが3つあります。「Sample.jwf」「m単位.jwf」「尺単位.jwf」です。これらのファイルは環境設定ファイルと呼ばれ、Jw_cadの操作や表示、作図に関する細かな設定の情報を持っています。Jw_cadはこの環境設定ファイルを読み込むことで細かな設定が変更されます。Jw_cad上で変更した設定を、自動読み込み環境設定ファイルである「Jw_win.jwf」ファイルに書き出すこともできます。

なお、環境設定ファイルは自分の作図環境に合わせたものを作成できます。標準の設定で作図しにくい場合や、ほかの人と作図環境を合わせたい場合など、新たに作成した環境設定ファイルを読み込むことで細かな設定を行うことができます。

環境設定ファイルを読み込みます

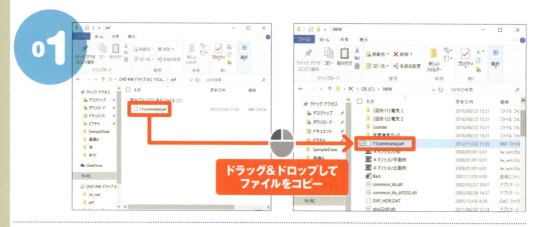

まず、付録CD-ROMの「jwf」フォルダにある「11command.jwf」ファイルを、Jw_cadがインストールされている「JWW」フォルダにコピーします。コピーは、ファイルを移動したいフォルダまでドラッグ&ドロップすることで行えます。

Hint

Cドライブの「JWW」フォルダには、Jw_cadのプログラム本体や、環境設定ファイル、図形データ、サンプルファイルなどのデータが含まれています。

Hint

ドラッグ&ドロップとは、目的のファイルをクリックで選択し、クリックしたまま移動先に動かして(ドラッグ)、マウスボタンを放す(ドロップ)操作です。

コピーした環境設定ファイル「11command.jwf」をJw_cadに読み込みます。

❶ Jw_cadを起動します(Jw_cadの起動方法は10ページで解説しています)。
❷ [設定]メニューの[環境設定ファイル] ー [読込み]を選択します。

❶ [開く]ダイアログボックスが表示されます。
❷ 自動的に「JWW」フォルダが開くので、「11command.jwf」ファイルを選択し、[開く]ボタンをクリックします。

> **Hint**
>
> 読み込んだ環境設定ファイルは、Jw_cadを終了するか、ほかの環境設定ファイルを読み込むまで有効です。つまり、本書の作図を練習するには、Jw_cadを起動またはファイルを開くたびに、環境設定ファイルの読み込みが必要になります。
> Jw_cadは起動時に、「Jw_win.jwf」という名前の環境設定ファイルを自動的に読み込みますので、「11command.jwf」ファイルの名称を、「Jw_win.jwf」に変更しておくと、この手間が省けます。パソコンをほかの人と共有している場合に、環境設定ファイルの名称を変更する際は、「JWW」フォルダの中に既存の「Jw_win.jwf」がないかどうか確かめ、既存のファイルの名前を変えるなどして、上書きしないように注意してください。

図面の縮尺とサイズの設定

図面の縮尺が1/50に、図面枠の縮尺が1/1になっていることを確認します。

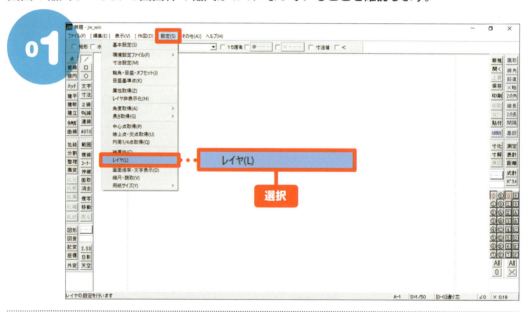

[設定]メニューから[レイヤ]を選択すると、[レイヤ設定]ダイアログボックスが表示されます。

[レイヤ設定]ダイアログボックスの上部の[0]～[F]タブがレイヤグループ、[レイヤ状態]欄の[0]～[F]ボタンがレイヤを表します。これらのタブとボタンの組み合わせで、各レイヤグループと、レイヤの設定が行なえます。
[0レイヤグループ]の[グループ名]の「一般図」と、[0レイヤグループ]の[0レイヤ]の[レイヤ名]の「通り芯」は、読み込んだ環境設定ファイル「11command.jwf」に設定されていた名称です。ここでは、[0レイヤグループ]の縮尺が1/50になっていることを確認します。

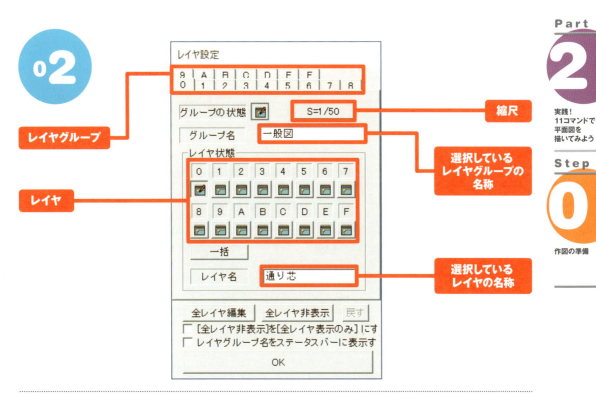

レイヤグループの[0]タブが選択されているのを確認して、縮尺が[S=1/50]になっていることを確認します。

Hint

縮尺が[S=1/50]になっていない時は、縮尺のボタンをクリックして以下のように設定します。

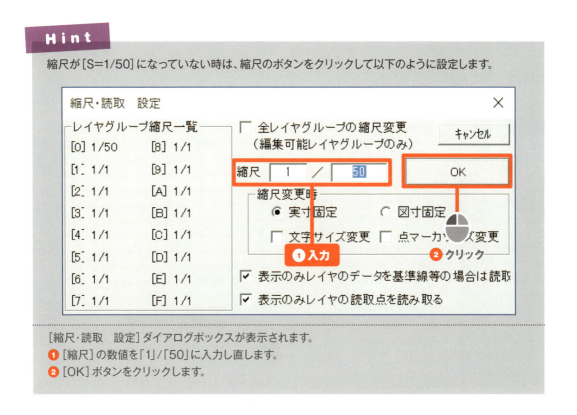

[縮尺・読取 設定]ダイアログボックスが表示されます。
❶ [縮尺]の数値を「1」/「50」に入力し直します。
❷ [OK]ボタンをクリックします。

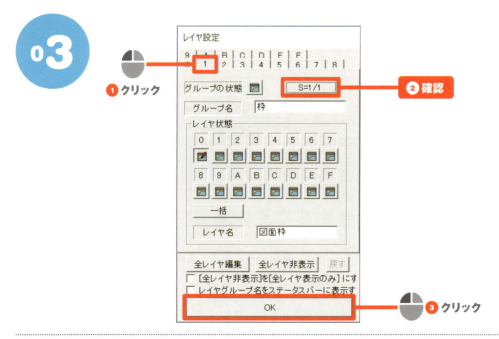

次に [1レイヤグループ]（「枠」レイヤグループ）の縮尺1/1を確認します。
❶ [1] タブをクリックします。❷ 縮尺が [S=1/1] になっていることを確認します。
❸ [OK] ボタンをクリックして、[レイヤ設定] ダイアログボックスを閉じます。

Hint

縮尺が [S=1/1] になっていない時は、前ページのHintと同様の操作で縮尺を1/1に設定してください。

図面サイズをA3にします。

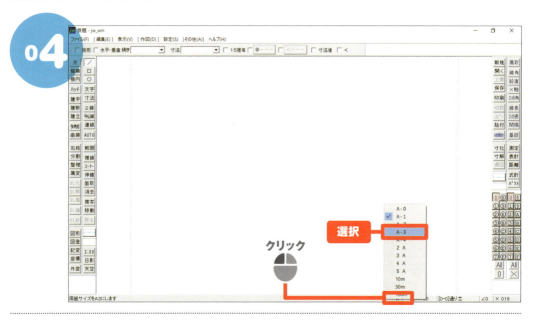

ステータスバーの右に用紙サイズが表示されます。用紙サイズのボタンをクリックして表示される用紙サイズのリストから、[A-3] を選択します。

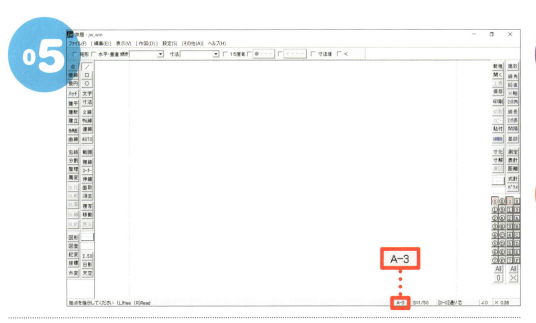

用紙サイズがA3に設定されました。

これで作図の下準備の完了です。付録のCD-ROMに収録されているサンプル図面を開いて作業する際には、作業を始める前に必ず環境設定ファイル「11command.jwf」を読み込むようにして下さい。

読み込み作業が面倒な場合は62ページのHintを参照してください。「11command.jwf」のファイル名を「Jw_win.jwf」に変更しておくと、Jw_cadの起動時に、自動的に環境設定ファイルが読み込まれるようになり手間が省けます。

Step 1 図面枠を描く

→ ［／］［移動］［コーナー］［複線］コマンド

図面の作図は、図面枠の作図からスタートします。
Jw_cadの図面枠は、縮尺1/1に設定した［1レイヤグループ］（「枠」レイヤグループ）の［0レイヤ］に作図していきます。
図面枠の［レイヤグループ］を「1/1」にしておくと、ほかのレイヤグループの縮尺を変更したり、複数の縮尺の異なるレイヤグループを混在させても、図面枠はそのまま使用できます。

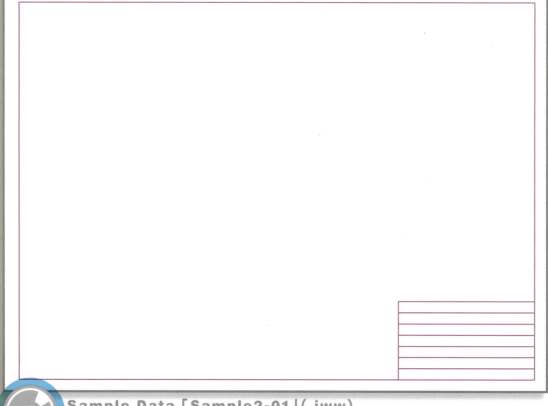

 Sample Data「Sample2-01」（.jww）

Step1の完成図面データ「Sample2-01」（.jww）は、付録CD-ROMの「SampleData」フォルダに収録されています。

図面枠の外枠を作図する

Jw_cadを起動して、60～65ページで解説した作図の準備を行ってから作業を開始してください。付録データを使う場合は、「Sample2_00（.jww）」を開いてください。

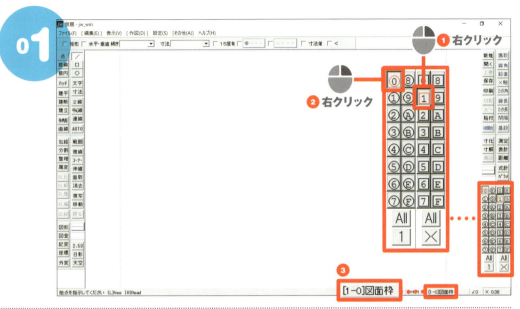

❶ [レイヤグループ]ツールバーの[1]を右クリックします。
❷ [レイヤ]ツールバーの[0]を右クリックして、[1レイヤグループ]（「枠」レイヤグループ）の[0レイヤ]（「図面枠」レイヤ）を描き込みレイヤにします。
❸ ステータスバーの右に[[1-0]図面枠]と表示されているのが確認できます。

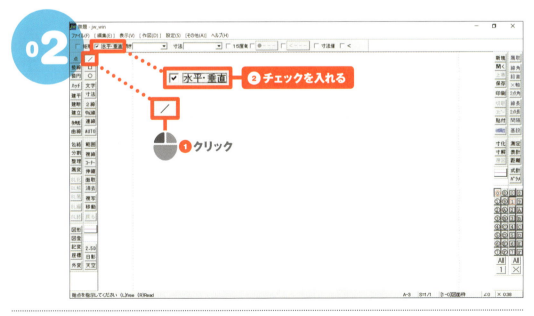

❶ [／]コマンドをクリックします。
❷ コントロールバーの[水平・垂直]にチェックを入れます。

03

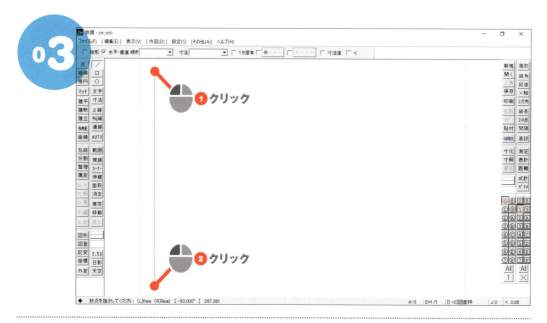

① 作図画面の左上をクリックし、② 続けて右下をクリックすると、垂直な線が作図されます。

Hint
作図された線分の、線色と線種は、60ページで読み込んだ環境設定ファイル「11command.jwf」で、[1レイヤグループ][0レイヤ]の線色・線種として設定されたものです。

04

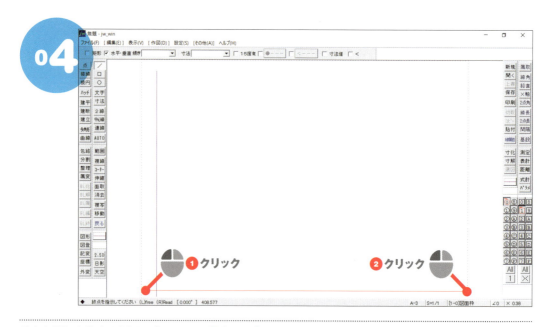

垂直な線に交差するように、作図画面の ① 左下と ② 右下をクリックすると、水平線が作図されます。

Hint
線のコーナーが合っていませんが、後で[コーナー]コマンドで処理するので気にする必要はありません。

作図した垂直線と水平線が、図面枠の左と下の枠線となります。この2線の複線を作図して、右と上の線を作図します。

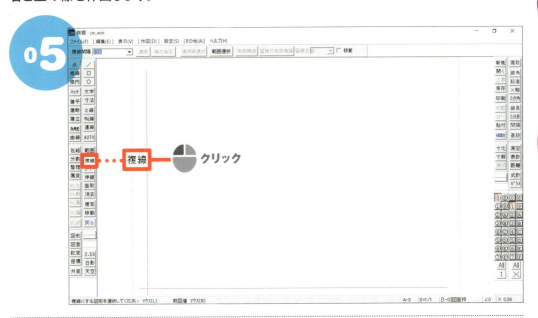

[複線]コマンドをクリックします。

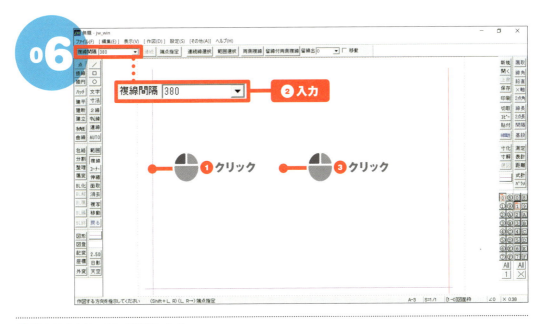

① 垂直線をクリックして選択します。
② コントロールバーの[複線間隔]に「380」と入力します。
③ 選択した垂直線の右側にマウスポインタを置くと、右380mmの位置に複線が赤で仮表示されます。この状態で画面をクリックすると、仮表示の位置に複線が作図されます。

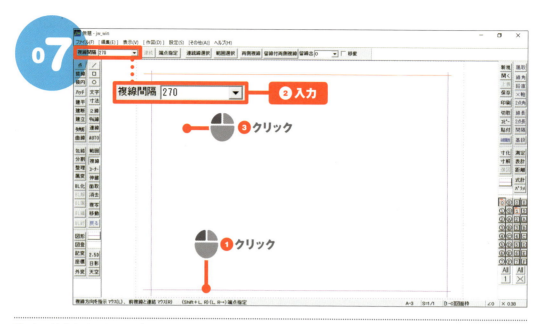

❶ 水平線をクリックして選択します。
❷ コントロールバーの[複線距離]に「270」と入力します。
❸ クリックで選択した水平線の上方にマウスポインタを移動すると、上270mmの位置に複線が赤で仮表示されます。この状態で画面をクリックすると、仮表示の位置に複線が作図されます。

図面枠の外枠となる4本の線が作図されました。次に角を整えていきましょう。

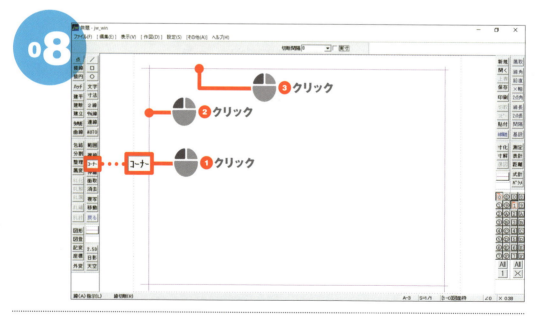

❶ [コーナー]コマンドをクリックします。
❷ 左の垂直線をクリックし、❸ 続けて上の水平線をクリックします。

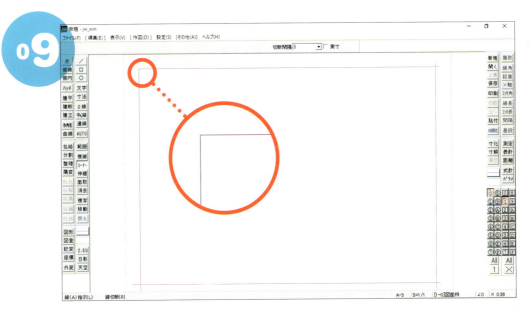

左の垂直線と上の水平線の交点がコーナー処理され、図のように端点がぴったり交わりました。

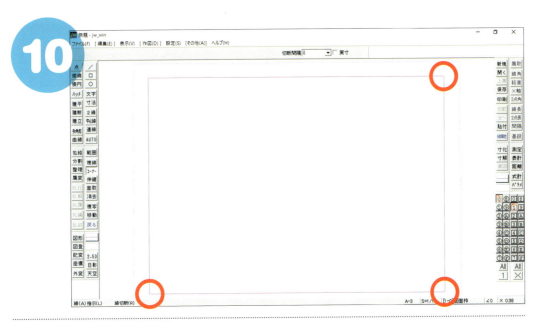

手順08と同様の方法で、残りの3つの角をコーナー処理します。

これで図面枠の外枠の完成です。

図面枠の外枠を作図画面の中心に移動します。

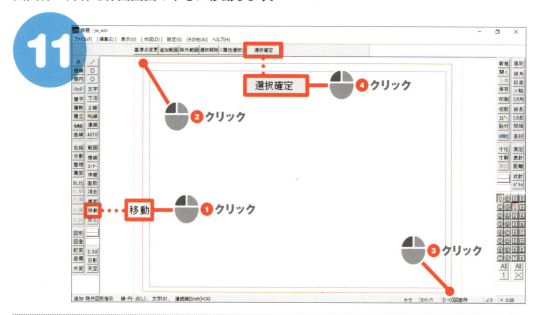

❶ [移動] コマンドをクリックします。
❷ 外枠の左上をクリックします。
❸ マウスポインタに追従して選択枠が表示されます。選択枠で外枠がすべて囲まれるように、枠の右下をクリックします。
❹ コントロールバーの [選択確定] ボタンをクリックすると、マウスの動きに合わせて外枠が移動するようになります。

[移動]・[複写] コマンドの使い方　⓪❶ 移動の方法とコントロールバー → 044 ページ

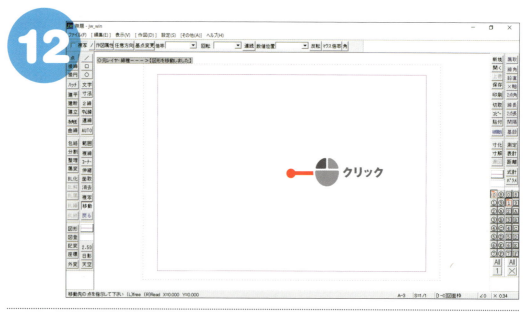

作図画面の中央に枠がくる位置で画面をクリックすると、外枠の移動が完了します。

図面枠の文字枠を作図する

図面のタイトルなどの情報を書き込む枠線を作図します。

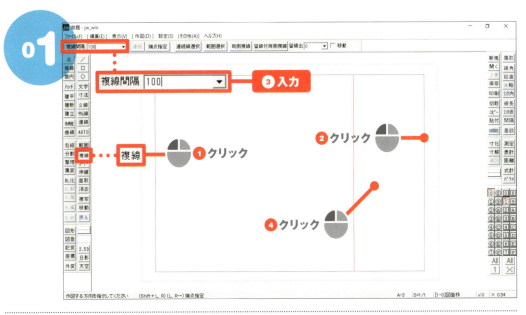

❶ [複線] コマンドをクリックします。
❷ 外枠の右の垂直線をクリックして選択します。
❸ コントロールバーの [複線間隔] に「100」と入力します。
❹ 選択した垂直線の左側にマウスポインタを置くと、左100mmの位置に複線が赤で仮表示されます。この状態で画面をクリックすると、仮表示の位置に複線が作図されます。

同様に、外枠の下の水平線の複線を、上56mmの位置に作図します。

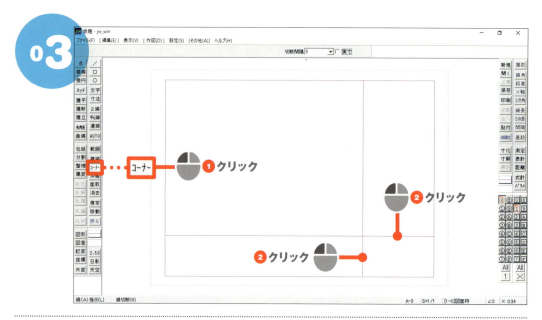

❶ [コーナー] コマンドをクリックします。
❷ 図の2線をクリックします。

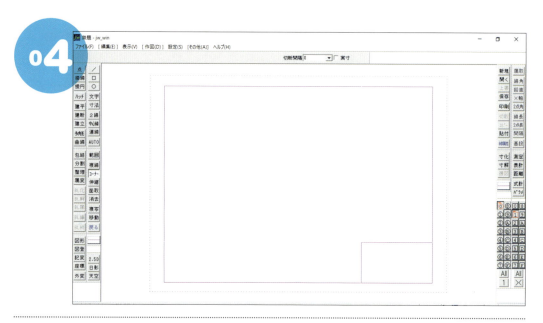

図のようにコーナー処理されます。

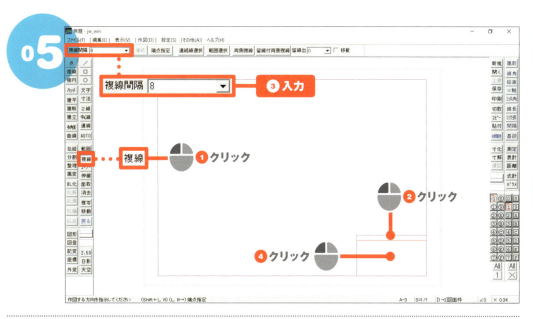

❶ [複線] コマンドをクリックします。
❷ タイトル枠の上辺をクリックして選択します。
❸ コントロールバーの [複線間隔] に「8」と入力します。
❹選択した線分の下方にマウスポインタを置くと、下8mmの位置に複線が赤で仮表示されます。この状態でクリックすると、仮表示の位置に複線が作図されます。

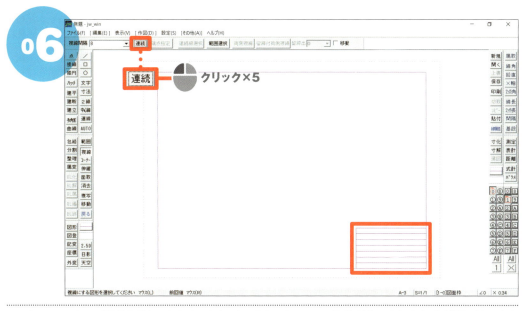

コントロールバーの [連続] ボタンをクリックすると、さらに8mm下に複線が作図されます。[連続] ボタンをさらに4回（合計5回）クリックすると図のようなタイトル枠が作図されます。

これで図面枠の完成です。

Step 2 通り芯を描く

 ［／］［移動］［伸縮］［複線］コマンド

このステップから、縮尺1/50の平面詳細図を作成していきます。図面作成の基準となる通り芯の作図は、通常は設計の基本となる壁の芯（中心とは限りません）を決める作業になります。通り芯を基準にして壁面や仕上げ面などの細かい寸法を決めます。

そのため、建築図の作図はまず通り芯からスタートします。通り芯は通常、一点鎖線の細い線で作図されます。

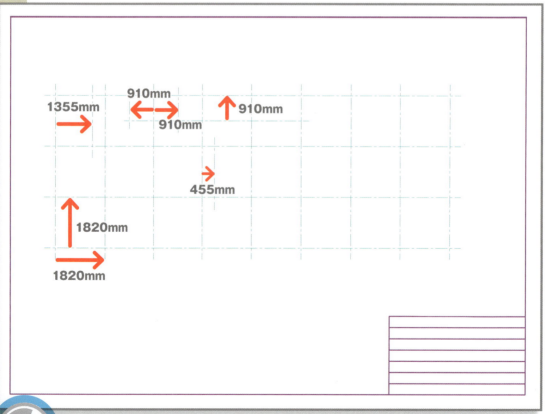

Sample Data「Sample2-02」(.jww)

Step2の完成図面データ「Sample2-02」(.jww)は、付録CD-ROMの「SampleData」フォルダに収録されています。

通り芯を作図する

通り芯は、[0レイヤグループ]([「一般図」レイヤグループ)の[0レイヤ]([「通り芯」レイヤ)に作図していきます。通り芯も図面枠と同様に、線分を複写することで、効率的に作図していきます。

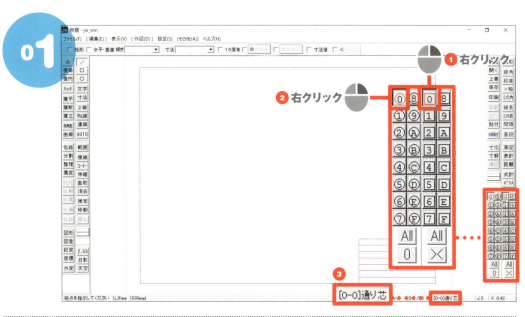

❶ [レイヤグループ] ツールバーの [0] を右クリックします。
❷ [レイヤ] ツールバーの [0] を右クリックします。
❸ ステータスバーの右に [[0-0] 通り芯] と表示されているのが確認できます。

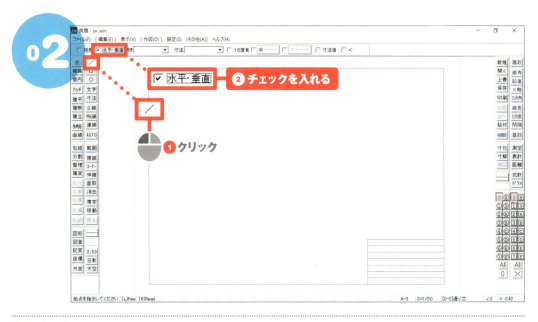

❶ [／](線) コマンドをクリックします。
❷ コントロールバーの [水平・垂直] にチェックを入れます。

03

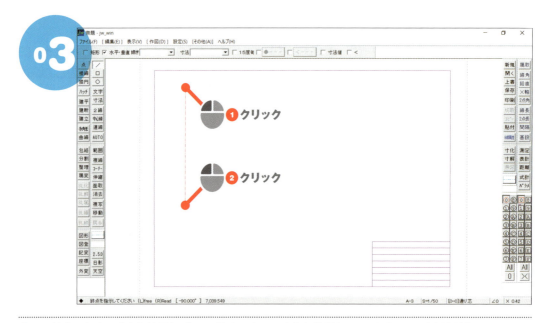

❶図面枠内の左上の適当な位置と、❷図面枠内の左下の適当な位置をクリックすると、垂直線が作図されます。

> **Hint**
>
> 作図された線分の、線色と線種は、60ページで読み込んだ環境設定ファイル「11command.jwf」で、[0レイヤグループ] [0レイヤ] の線色・線種として設定されたものです。

04

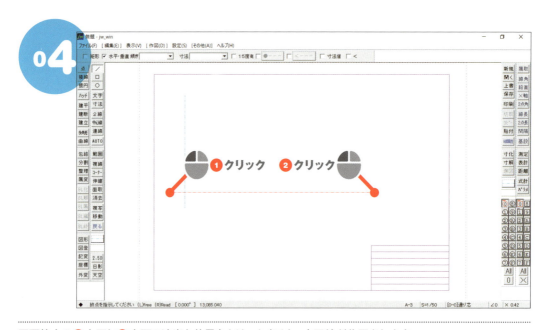

図面枠内の❶左下と❷右下の適当な位置をクリックすると、水平線が作図されます。

> **Hint**
>
> 作図した線の長さと位置は後で調整しますので、位置は適当で構いません。
> 76ページの完成図の寸法に合わせて水平線の複線を作図し、水平方向の通り芯を作図します。

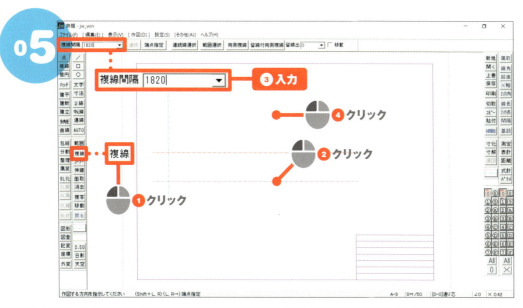

❶ [複線] コマンドをクリックします。
❷ 水平線をクリックして選択します。
❸ コントロールバーの [複線間隔] に「1820」と入力します。
❹ クリックして選択した水平線の上方にマウスポインタを置くと、上1820mmの位置に複線が赤で仮表示されます。この状態でクリックすると、仮表示の位置に複線が作図されます。

[複線] コマンドの使い方　⓫ 複線作図の基本とコントロールバー → 050 ページ

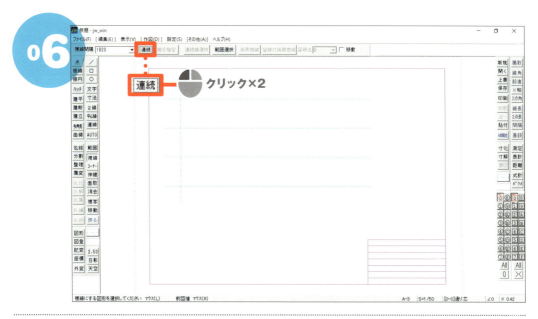

コントロールバーの [連続] ボタンを2度クリックします。複線が手順 05 と同じ距離、同じ方向にさらに2つ作図されます。

[複線]コマンドは実行されたままになっているので、続いて垂直な通り芯を複線で作図していきます。

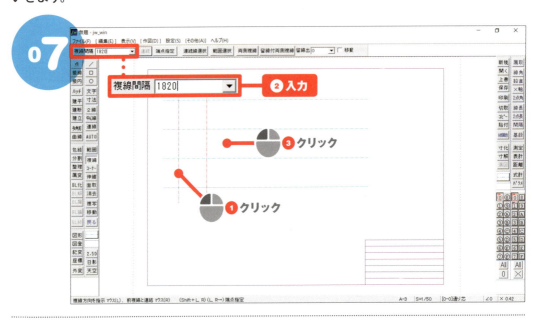

❶ 垂直線をクリックして選択します。
❷ コントロールバーの[複線間隔]に「1820」と入力します。
❸ クリックして選択した垂直線の右にマウスポインタを置くと、右1820mmの位置に複線が赤で仮表示されます。この状態でクリックすると、仮表示の位置に複線が作図されます。

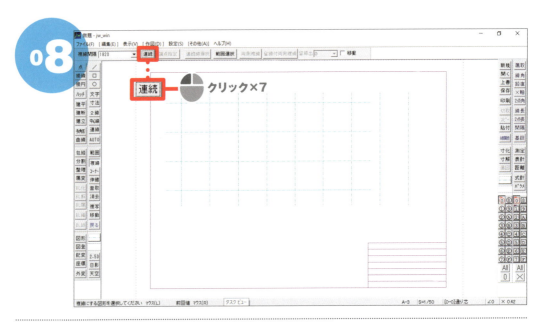

コントロールバーの[連続]ボタンを続けて7回クリックします。

計9本の垂直通り芯が作図されました。

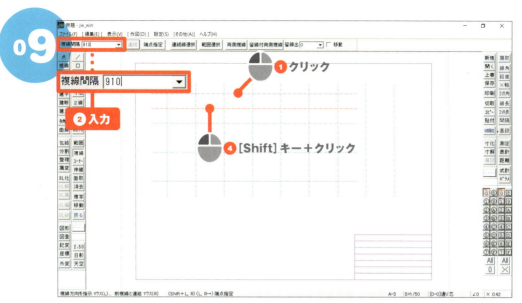

① 一番上の水平線をクリックして選択します。
② コントロールバーの[複線間隔]に「910」と入力します。
③ クリックで選択した水平線の下側にマウスポインタを置くと、下910mmの位置に複線が仮表示されます。
④ [Shift]キーを押しながら、図の位置をクリックします。

[複線]コマンドの使い方　02 伸縮させて複線を描く → 051 ページ

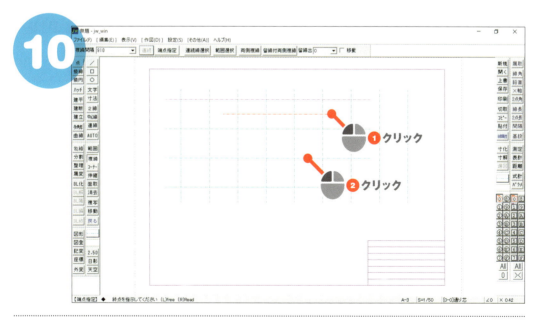

① マウスポインタの下方向の位置に合わせて、クリックした点から水平方向に仮線が表示されるので、図の位置でクリックします。
② 伸縮した複線が仮表示されます。この状態で選択した水平線の下側をクリックすると複線が伸縮されて作図されます。

この方法で、長さを変えた複線が作図できます。なお、複線を伸縮させる個所はだいたいの位置でかまいません。

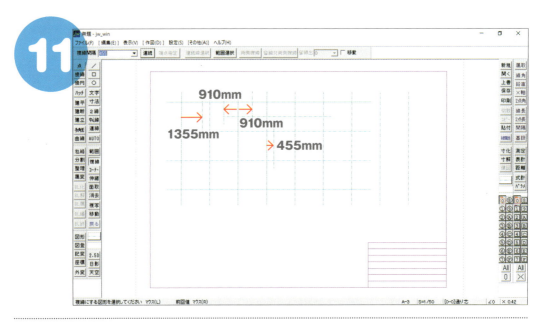

同様に、図のように各通り芯を長さを変えた複線で作図します。

通り芯の端をそろえる

仕上げとして、作図した通り芯のはみ出し部分の長さをそろえます。まずは、垂直な通り芯が、一番上の水平な通り芯からはみ出す長さをそろえるため、ガイドラインとして、上方向400mmの位置に複線を作図します。ガイドラインは、[0レイヤグループ]（「一般図」レイヤグループ）の[8レイヤ]（「補助線」レイヤ）に作図していきます。

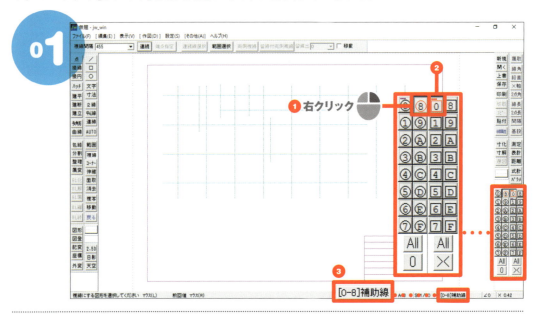

❶ [レイヤ] ツールバーの [8] を右クリックします。
❷ [レイヤグループ] ツールバーは [0] が描き込みレイヤになっていることを確認します。
❸ ステータスバーの右に [[0-8] 補助線] と表示されているのが確認できます。

Hint

作図された線分の、線色と線種は、60ページで読み込んだ環境設定ファイル「11command.jwf」で、[0レイヤグループ] [8レイヤ] の線色・線種として設定されたものです。

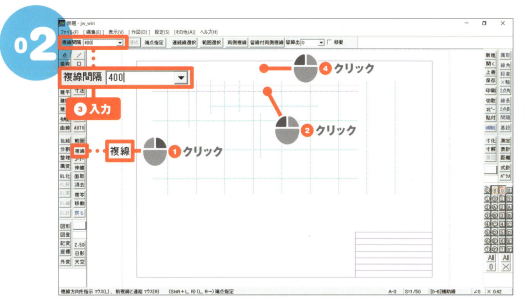

[複線]コマンドで一番上の水平な通り芯の複線を、上方向400mmの位置に作図します。これをガイドラインとします。

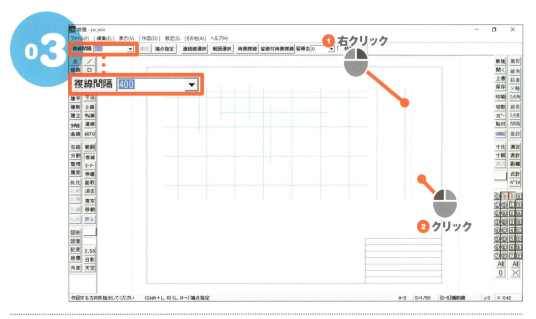

さらに、一番右の垂直な通り芯の右方向400mmの位置にガイドラインを作図します。
[複線]コマンドで、右の垂直な通り芯を右クリックで選択し、選択した線の右側でクリックします。

[複線]コマンド実行時に、基になる線を右クリックで選択すると、自動的に、前回[複線間隔]に入力した数値が入力されます。

Hint

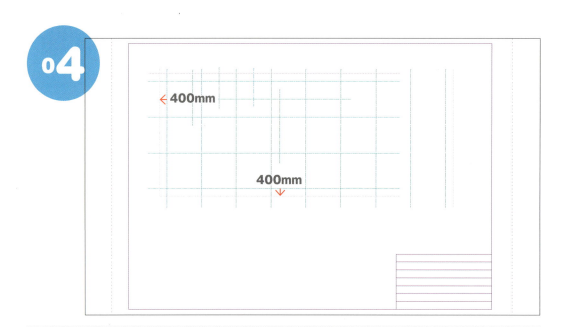

同様に、一番下の水平な通り芯の下方向400mmの位置と、一番左の垂直な通り芯の左方向400mmの位置にガイドラインを作図します。

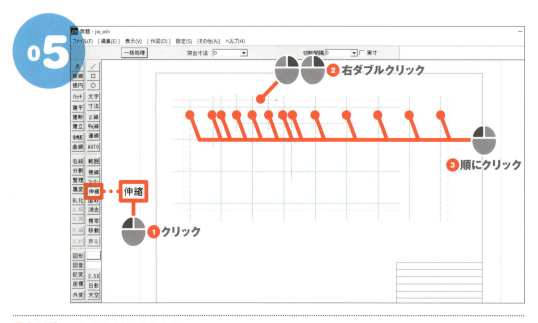

❶ [伸縮] コマンドをクリックします。
❷ 上のガイドラインを右ダブルクリックして、伸縮基準線とします。
❸ すべての垂直な通り芯を順にクリックしていきます。

> **Hint**
> ガイドラインを右ダブルクリックすることで、伸縮先ラインを固定できます。あとは、それぞれの通り芯をクリックするだけで、より簡単に伸縮することができます。

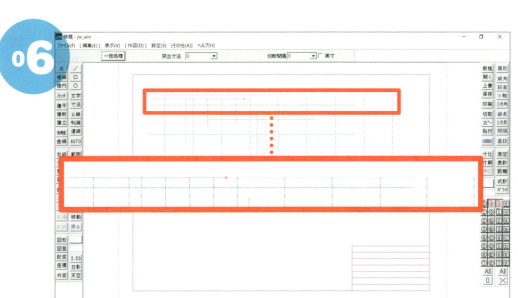

すべての垂直な通り芯のガイドラインより上の部分が、ガイドラインまで縮みます。

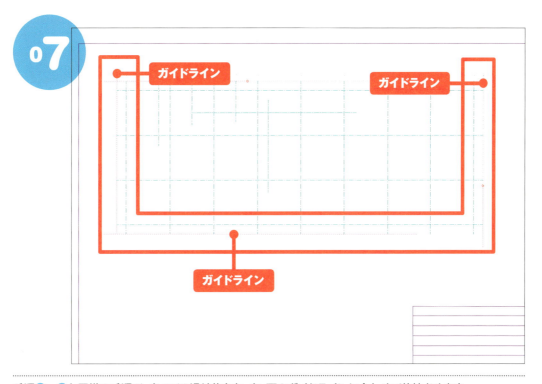

手順05〜06と同様の手順で、すべての通り芯を左、右、下のガイドラインに合わせて伸縮させます。

08

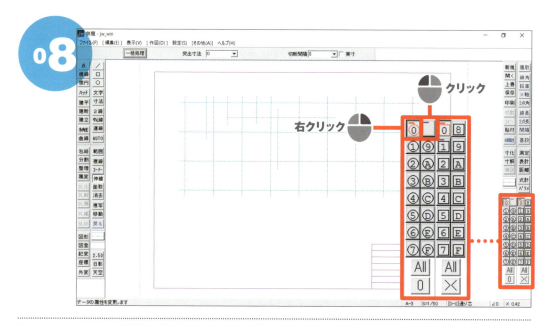

[レイヤ]ツールバーの[0]レイヤを右クリックして描き込みレイヤにし、[8]レイヤをクリックして補助線を非表示にしたら通り芯の完成です。

Hint

描き終えた通り芯が図面枠からはみ出ていたり、図面枠の中心にない場合、[移動]コマンドを使用すれば簡単に図面枠の中心にレイアウトしなおすことができます。

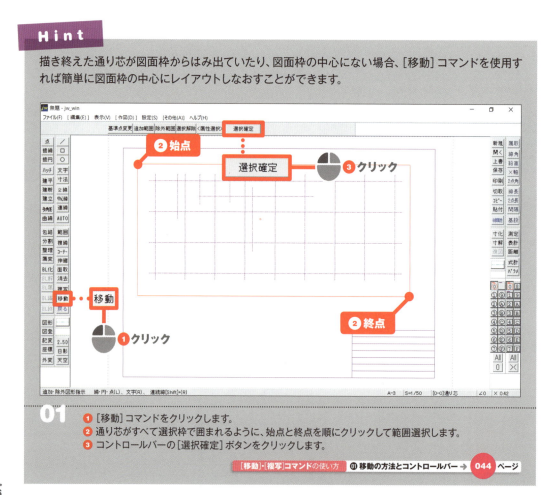

01

❶ [移動]コマンドをクリックします。
❷ 通り芯がすべて選択枠で囲まれるように、始点と終点を順にクリックして範囲選択します。
❸ コントロールバーの[選択確定]ボタンをクリックします。

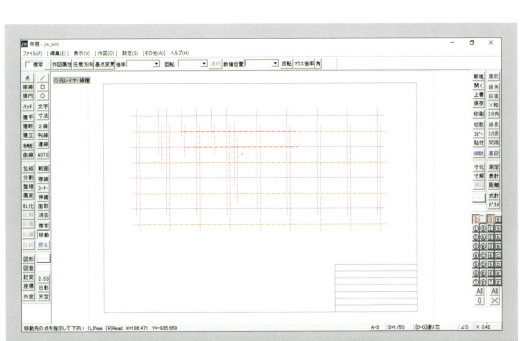

02 マウスポインタに追随して、選択した通り芯が仮表示されます。

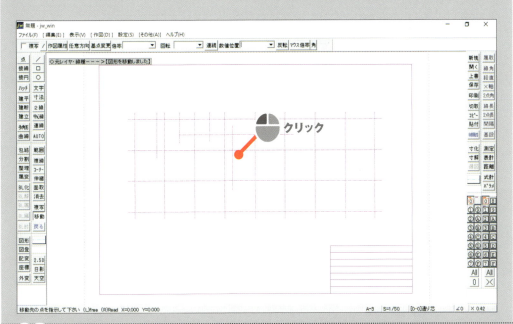

03 図面枠の中心にあたる任意の点をクリックすると、クリックした位置に移動します。

Step 3 壁を描く

→ ［消去］［伸縮］［複線］コマンド

Step2で作図した通り芯を［複線］コマンドを利用して複写することで、壁の線を作図します。
建築物の平面は、ほとんどの場合、壁と柱で構成されていますので、壁が作図されると一気に建築図らしくなります。壁にはドアや窓の開口が開きますが、本Stepの最後で部分消去していきます。

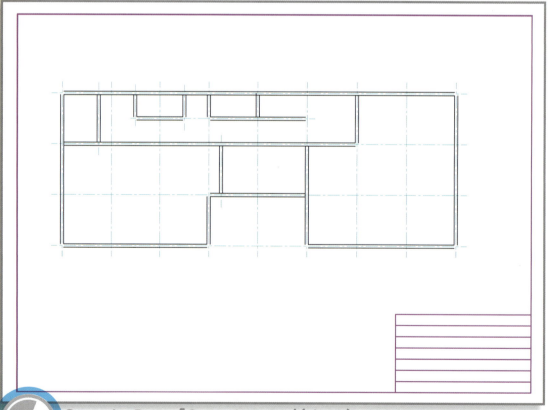

Sample Data「Sample2-03」(.jww)
Step3の完成図面データ「Sample2-03」(.jww)は、付録CD-ROMの「SampleData」フォルダに収録されています。

通り芯の複線で壁を作図する

壁を[0レイヤグループ]（「一般図」レイヤグループ）の[2レイヤ]（「仕上」レイヤ）に作図していきます。通り芯の複線を壁線とすることで効率よく作図できます。

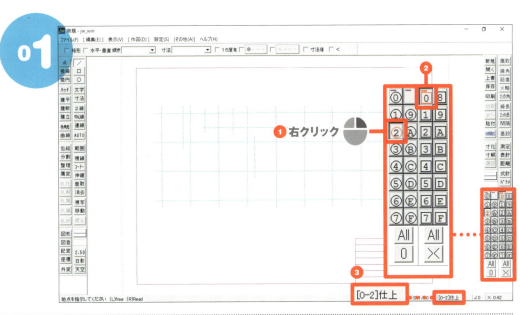

❶ [レイヤ]ツールバーの[2]を右クリックします。
❷ [レイヤグループ]ツールバーは[0]が描き込みレイヤとなっていることを確認してください。
❸ ステータスバーの右に[[0-2]仕上]と表示されているのが確認できます。

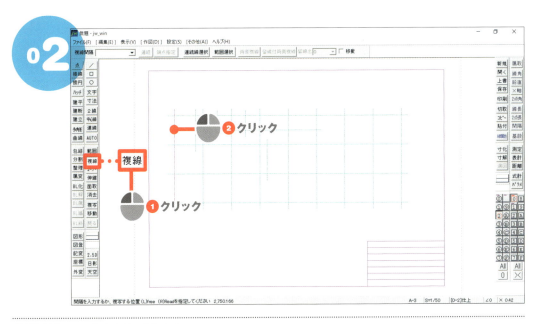

❶ [複線]コマンドをクリックします。
❷ 左端の垂直な通り芯をクリックして選択します。

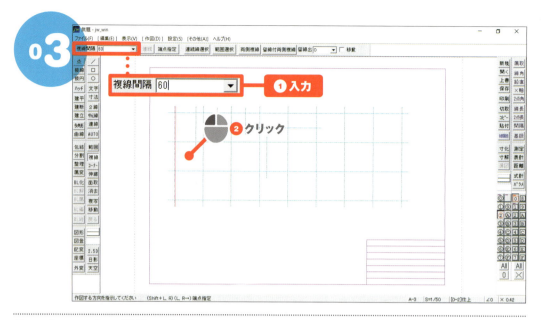

❶ コントロールバーの[複線間隔]に「60」と入力します。
❷ クリックして選択した垂直な通り芯の右側にマウスポインタを置くと、右60mmの位置に複線が赤で仮表示されます。この状態でクリックすると、仮表示の位置に複線が作図されます。

Hint

作図された線分の、線色と線種は、60ページで読み込んだ環境設定ファイル「11command.jwf」で、[0レイヤグループ][2レイヤ]の線色・線種として設定されたものです。

通り芯の反対側の複線を作図して、壁を完成させます。

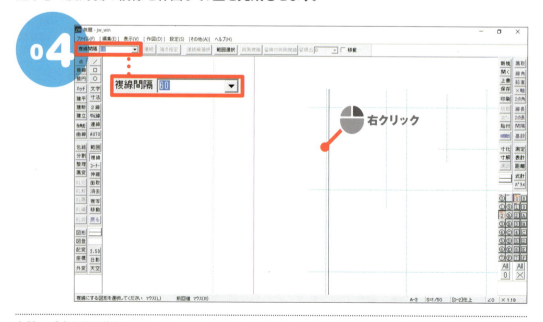

左端の垂直な通り芯を右クリックして選択すると、コントロールバーの[複線間隔]に「60」と表示されます。

05

右クリックで選択した垂直な通り芯の左側にマウスポインタを置くと、左60mmの位置に複線が赤で仮表示されます。この状態でクリックすると、仮表示の位置に複線が作図されます。

通り芯を挟む2本の線が、幅120mmの壁を表す線分となります。

06

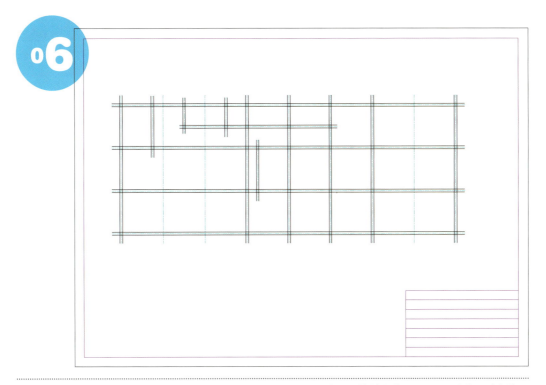

同様にして、ほかの通り芯の上下60mm、あるいは左右60mmの位置に複線を作図して図のように壁を作図します。

壁の線の角と端を整えます。

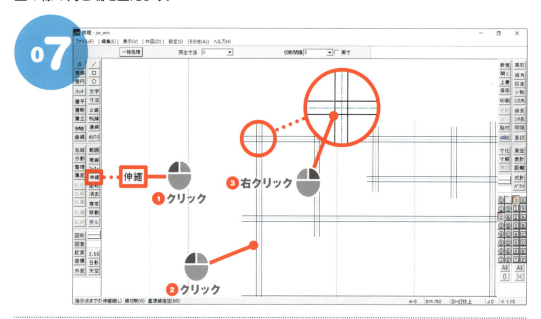

1. [伸縮] コマンドをクリックします。
2. 図の外側の壁の線分をクリックします。
3. 交わる線分との交点を右クリックします。

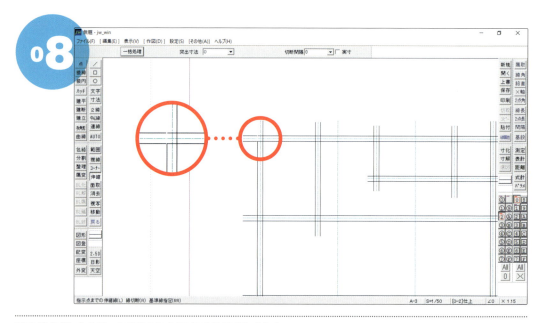

壁の線分が、右クリックで指示した交点で伸縮されました。

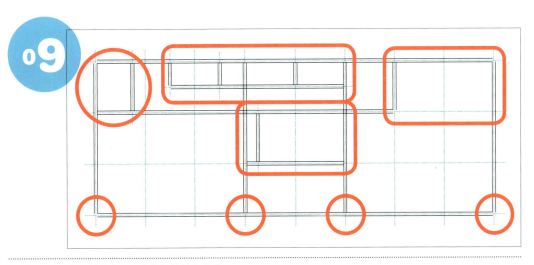

同様にして、壁の線分を図のように伸縮します。

Hint

伸縮の基準となる交点がない場合は、図のような点をクリックして指定します。伸縮したい線分上ではない点をクリックしても、クリックした点と鉛直な位置が指定されたことになります。

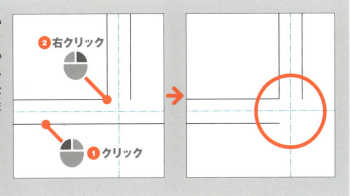

不要な個所を削除する

開口部など、不要な部分の壁を削除します。
ここでは、図で囲んでいる部分の壁を削除していきます。

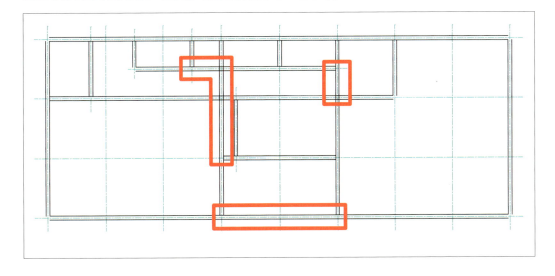

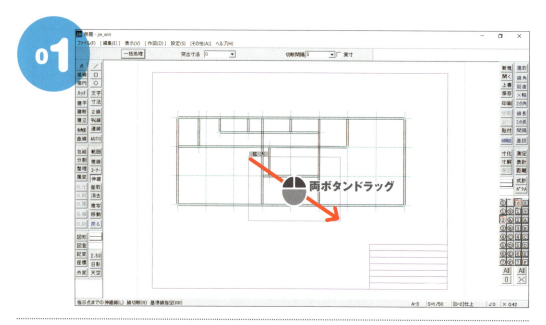

図の部分をマウスの両ボタンを押して、右下方向にドラッグ（両ボタンドラッグ）し、拡大表示します。

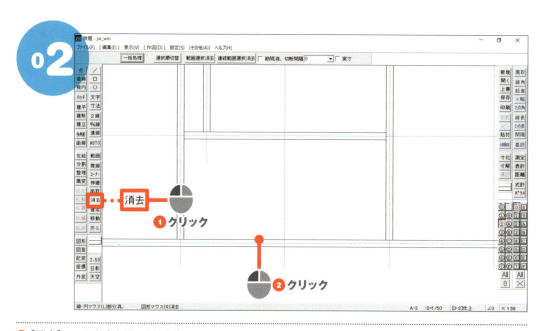

❶ ［消去］コマンドをクリックします。
❷ 部分消去したい線分をクリックして選択します。

［消去］コマンドの使い方 → ❷ 線分の部分消去 → 043 ページ

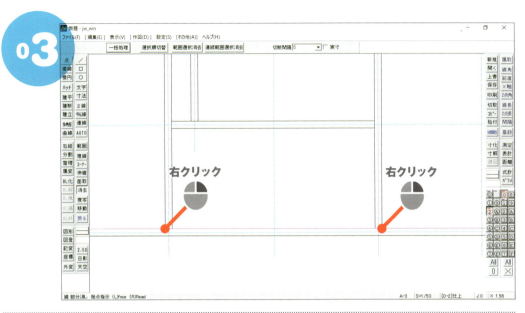

部分消去部分の両端をクリックで指定します。
ここでは、図の2点を右クリックします。

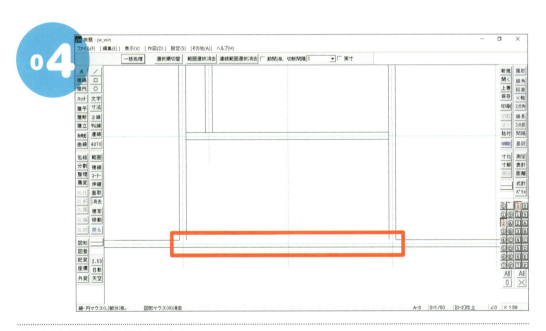

図のように線分が部分消去されます。

反対側の壁線も部分消去します。

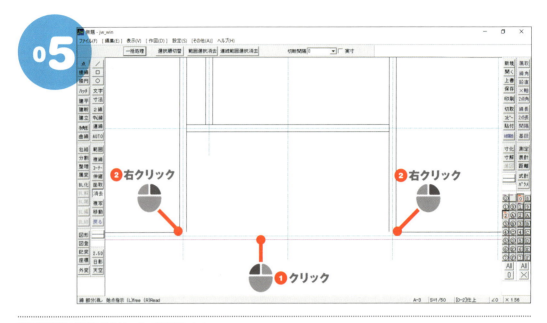

❶ 反対側の壁線をクリックで選択します。
❷ 図の2点を右クリックします。

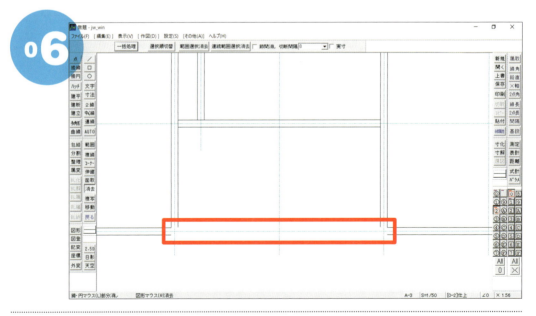

図のように線分が部分消去されます。

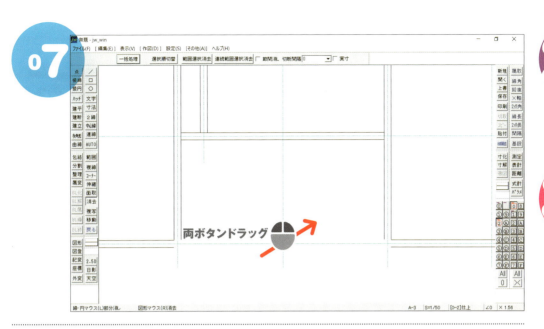

マウスの両ボタンを押して、右上方向にドラッグ（両ボタンドラッグ）し、全体表示に戻します。

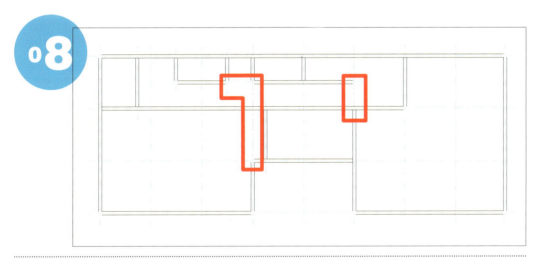

同様にして、壁の線分を図のように部分消去します。

これで壁の作図が完了しました。
だいぶ図面らしくなってきましたね。続いて、柱を配置していきましょう。

Step 4 柱と円弧壁を描く

→ ［／］［○］［消去］［複写］［伸縮］［複線］コマンド

本書で作図しているのは、木造在来工法の設計図面ですので、通し柱を除いて105mm角の寸法で十分納まります。しかしここでは、納まりの単純化を優先して、すべて120mm角とします。通り芯の交点に、壁から2730mmを超えない間隔で柱を配置します。柱の形状はすべて同じですので、1つだけ作図し、残りは複写で配置します。柱を配置したあとに円弧壁を描きます。

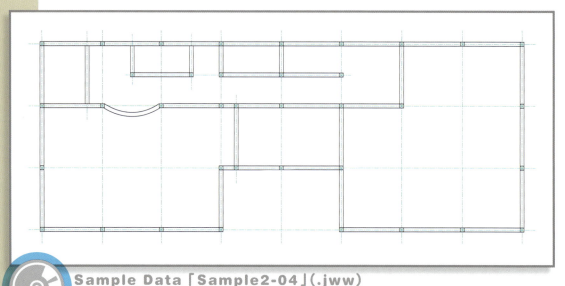

Sample Data「Sample2-04」(.jww)

Step4の完成図面データ「Sample2-04」(.jww) は、付録CD-ROMの「SampleData」フォルダに収録されています。

柱記号を作図する

柱記号を[0レイヤグループ]（「一般図」レイヤグループ）の[1レイヤ]（「躯体」レイヤ）に作図していきます。まずは、柱記号を1つ作図します。

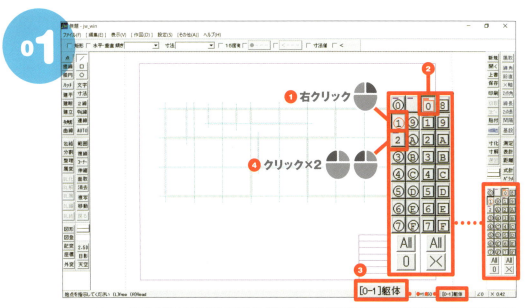

❶ [レイヤ]ツールバーの[1]を右クリックします。
❷ [レイヤグループ]ツールバーは[0]が描き込みレイヤとなっていることを確認してください。
❸ ステータスバーの右に[[0-1]躯体]と表示されているのが確認できます。
❹ [レイヤ]ツールバーの[2]を2回クリックして、表示のみレイヤにします。

Hint
表示のみレイヤに作図された壁は、薄いグレー表示となり、編集できなくなります。

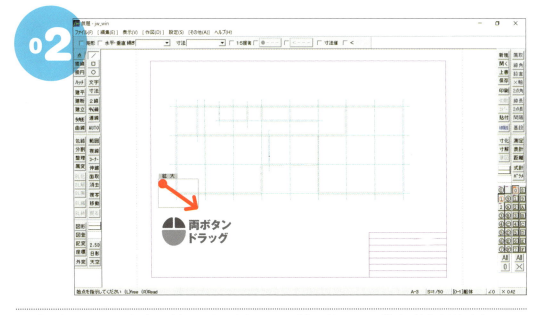

図の部分を、マウスの両方ボタンを押して右下方向にドラッグ（両ボタンドラッグ）し、拡大表示します。

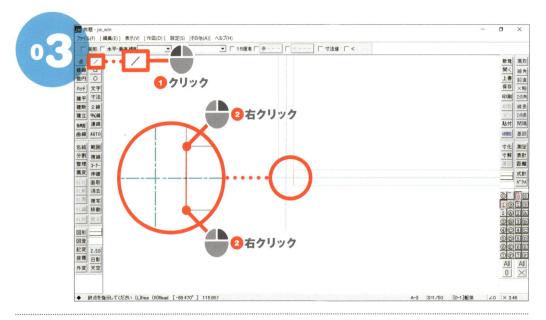

❶ [／](線)コマンドをクリックします。
❷ 図の2点(壁線の端点)を右クリックして壁の線をつなぐ線分を作図します。

Hint

作図された線分の、線色と線種は、60ページで読み込んだ環境設定ファイル「11command.jwf」で、[0レイヤグループ][1レイヤ]の線色・線種として設定されたものです。

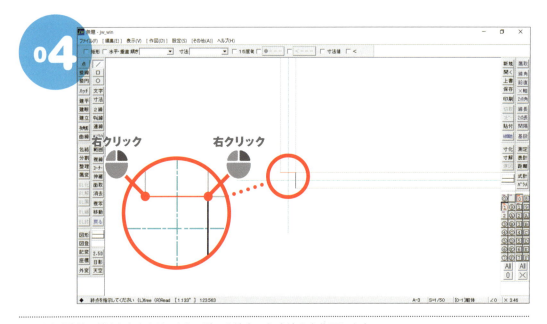

図の2点(壁線の端点)を右クリックして壁の2線をつなぐ線分を作図します。

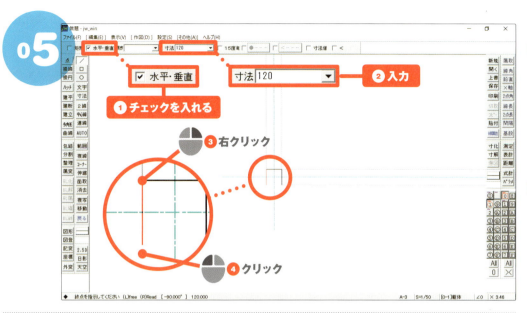

❶ コントロールバーの[水平・垂直]にチェックを入れます。
❷ [寸法]に「120」と入力します。
❸ 手順04で作図した線分と左側の壁線の交点を右クリックします。
❹ マウスポインタの位置によって、クリックした点を基点に水平・垂直方向に120mmの仮線が表示されるので、図のように垂直下方向に仮線が表示されている状態で、クリックすると、仮線の位置に線分が作図されます。

[/](線)コマンドの使い方 → ⓬ 水平・垂直線を描く → **035** ページ

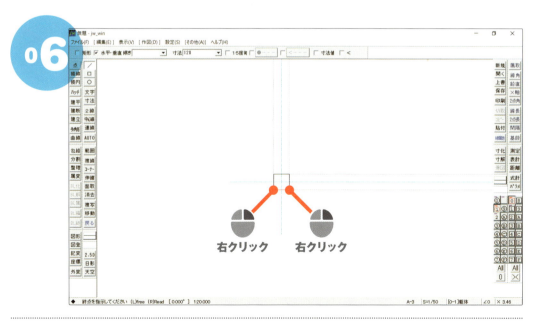

手順03と同様の手順で、図の2点を右クリックして、矩形を完成させます。

柱記号の外枠となる4本の線が作図されました。

次に、作図した矩形とは違う線色で対角線を作図します。ここでは[線色1]で作図するため、線色を変更します。

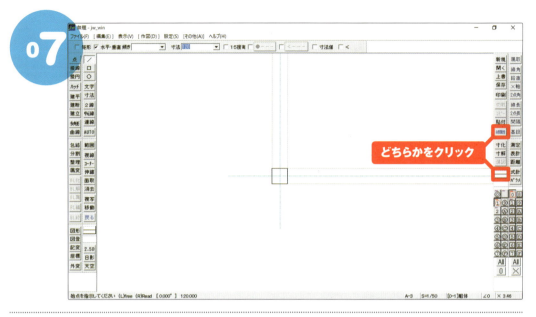

[線属性]ボタンをクリックします。

[線属性]ダイアログボックスが表示されます。
❶ [線色1]ボタンをクリックします。
❷ [OK]ボタンをクリックし[線属性]ダイアログボックスを閉じます。

これで作図線色が、読み込んだ環境設定ファイル「11command.jwf」で、[0レイヤグループ][1レイヤ]の線色として設定されていた[線色2]から、[線色1]に変更されました。

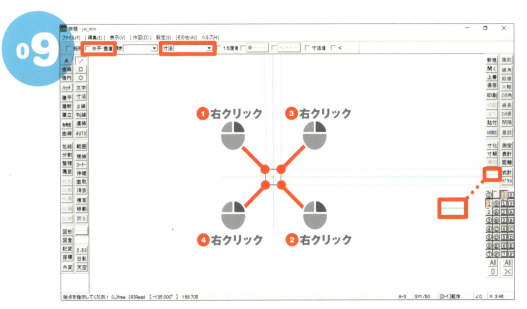

[線属性] ツールバーの表示が [線色2] の黒から [線色1] の水色に変化します。

❶❷❸❹ [/](線) コマンドは実行されたままです。コントロールバー [水平・垂直] のチェックを外し、[寸法] を空欄にして対角線方向の角をそれぞれ右クリックし、対角線を作図します。

これで柱記号が完成したので、描き込み線色を元の [線色2] に戻しておきます。

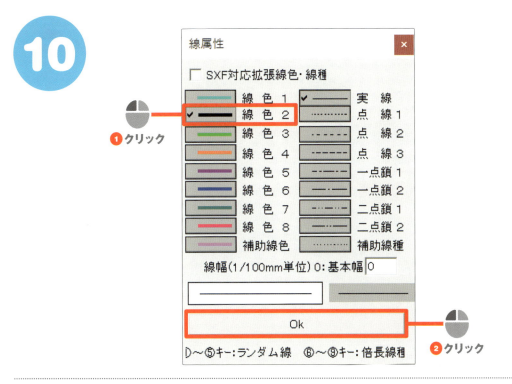

手順❼と同様に、[線属性] ボタンをクリックして、[線属性] ダイアログボックスを表示します。
❶ [線色2] ボタンをクリックします。
❷ [OK] ボタンをクリックし、[線属性] ダイアログボックスを閉じます。

柱記号を複写する

柱記号が1つ完成したら、後はこれを複写していくことで、効率的に柱を作図できます。

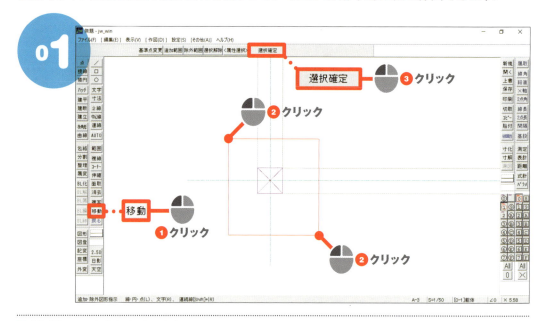

❶ [移動] コマンドをクリックします。
❷ 選択枠で柱記号が囲まれるように柱記号の左上と右下をクリックし、柱記号を選択します。
❸ コントロールバーの[選択確定]ボタンをクリックして、選択を確定します。

[移動]・[複写]コマンドの使い方 → 02 複写の方法 → 045 ページ

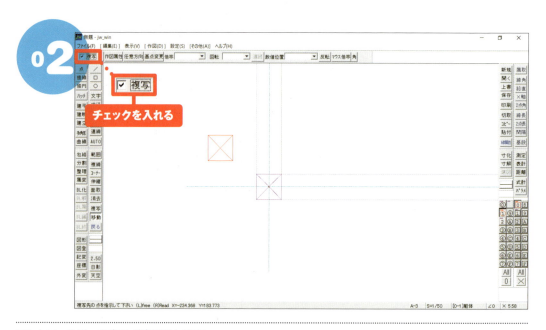

コントロールバーの表示が変更されます。
[複写]にチェックを入れます。これで、[移動]コマンドが[複写]コマンドに変更されました。

1度画面表示を全体表示に戻し、柱記号の複写先を拡大表示しましょう。

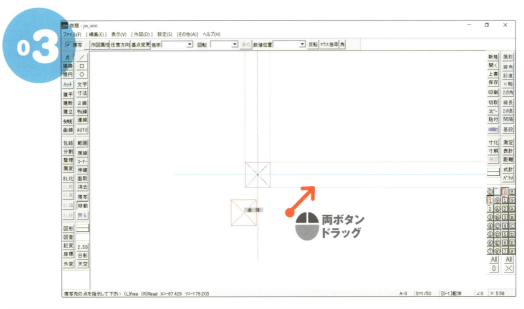

作図画面上を右上方向に両ボタンドラッグします。

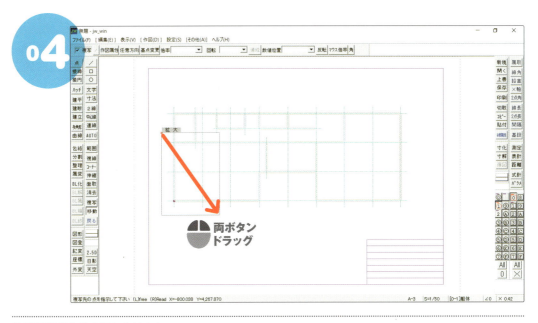

作図画面が全体表示になります。
図の部分を右下方向に両ボタンドラッグして拡大表示します。

05

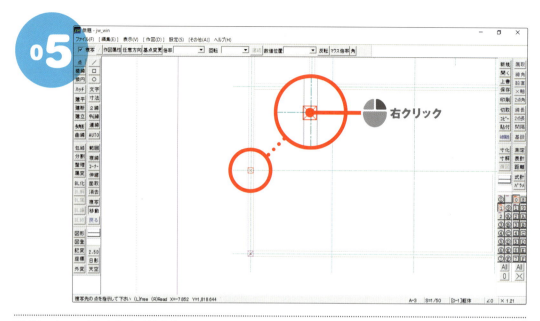

両ボタンドラッグした部分が拡大表示されました。
複写先となる垂直な通り芯と、水平な通り芯の交点を右クリックします。

06

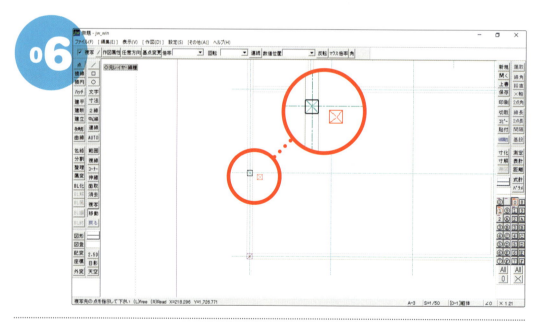

クリックした位置を中心に、柱記号が複写されます。
[複写]コマンドは実行中で、マウスポインタに柱記号の仮表示が追随したままになっています。

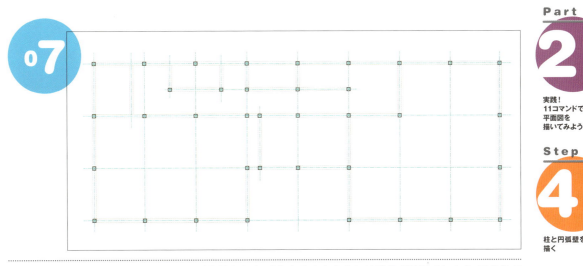

[複写]コマンドは継続されているので、引き続きクリックした交点を中心に柱記号が複写されます。図を参考に、通り芯の交点を右クリックして、必要な個所に柱記号を複写していきます。
必要な通り芯の交点への柱記号の複写が終了したら、[／](線)コマンドなどのほかのコマンドをクリックして、[複写]コマンドをキャンセルします。

円弧壁を作図する

柱が配置されましたので、この柱を基準として円弧壁を作図する準備ができました。
円弧壁を作図する部分を拡大表示します。

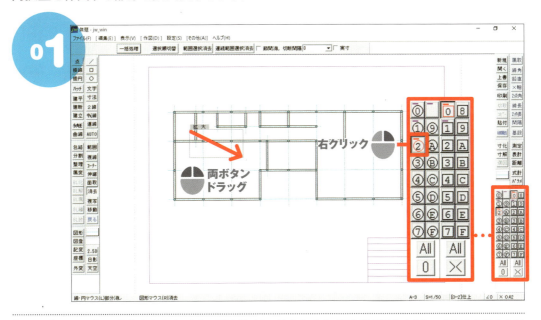

[レイヤ]ツールバーの[2]を右クリックして描き込みレイヤにします。図の壁を囲むようにマウスを右下方向に両ボタンドラッグします。

円弧壁を設置する部分の壁を消去します。

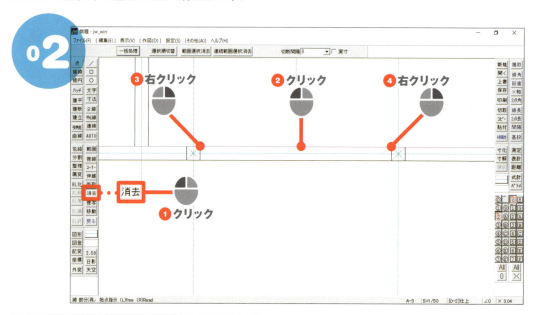

❶ [消去] コマンドをクリックします。
❷ 上側の壁線をクリックして選択します。
❸ 柱と壁の交点を右クリックします。
❹ 反対側の柱と壁の交点も右クリックすると、壁線が消去されます。

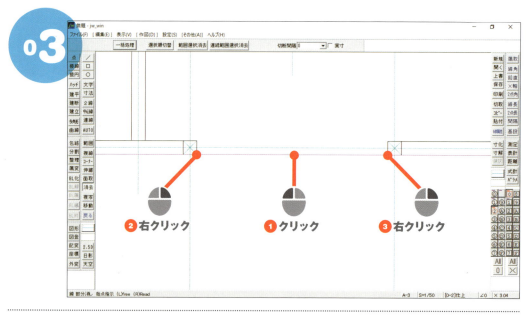

下側の壁線も同様の操作で消去します。

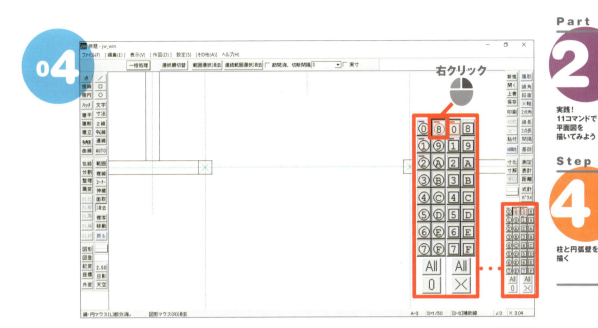

[8レイヤ]（「補助線」レイヤ）を右クリックして描き込みレイヤにします。

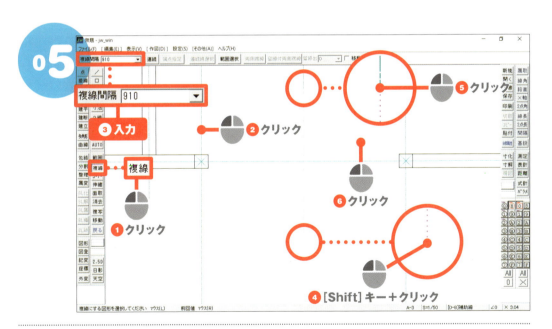

❶ [複線]コマンドをクリックします。
❷ 図の垂直な通り芯をクリックします。
❸ コントロールバーの[複線間隔]に「910」と入力します。
❹ 選択した垂直な通り芯の右側にマウスポインタを置くと、赤い仮線が右910mmの位置に表示されます。図の位置で[Shift]キー＋クリックし、続いて❺の位置でクリックします。
❻ 選択した通り芯より右側で再度クリックすると、仮表示の位置に伸縮された複線が作図されます。

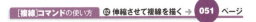

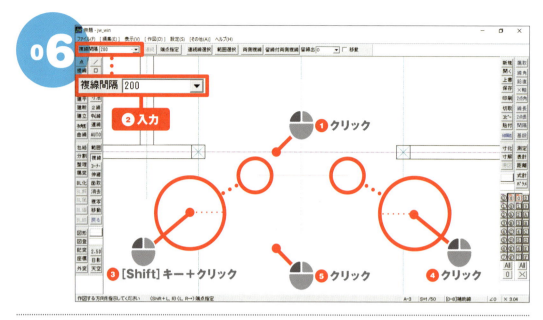

❶ 水平な通り芯をクリックして選択します。
❷ コントロールバーの［複線間隔］に「200」と入力します。
❸ 選択した水平な通り芯の下にマウスポインタを置くと、赤い仮線が下200mmの位置に表示されます。図の位置で［Shift］キー＋クリックし、続けて❹の位置でクリックします。
❺ 選択した通り芯より下側で再度クリックすると、仮表示の位置に複線が作図されます。

円弧壁として、作成したガイドラインの交点を通る円弧を作図します。

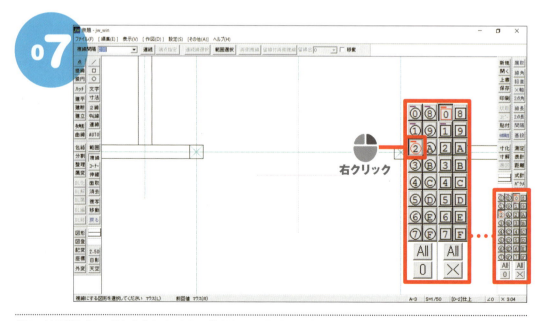

［2レイヤ］(「仕上レイヤ」) を右クリックして描き込みレイヤとします。

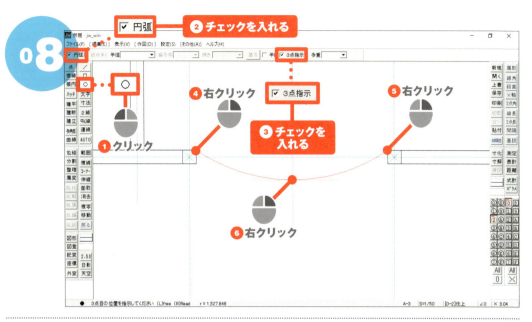

❶ [○](円) コマンドをクリックします。
❷ コントロールバーの[円弧]にチェックを入れ、❸ [3点指示]にチェックを入れます。
❹ 左の柱の角を右クリックし、❺ 右の柱の角を右クリックすると、円弧が赤い線で仮表示されます。
❻ 手順 04〜06 で作図したガイドの交点で右クリックすると、柱の角とガイドの交点を通る円弧が作図されます。

[○](円)コマンドの使い方　02 円弧を描く → 037 ページ

円弧壁の一方の線が作図できたので、[複線]コマンドでもう一方の線を作図します。

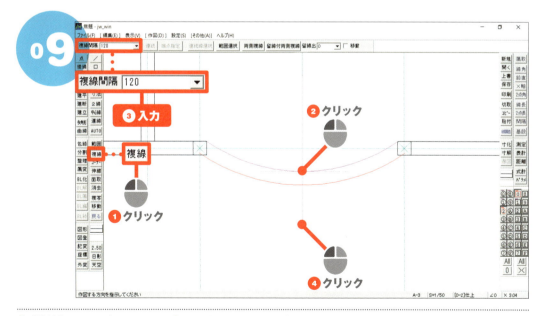

❶ [複線]コマンドをクリックし、❷ 円弧をクリックして選択します。
❸ コントロールバーの[複線間隔]に「120」と入力します。
❹ 選択した円弧の下側にマウスポインタを置くと、赤い仮線が下120mmの位置に表示されます。この状態でクリックすると、仮表示の位置に複線が作図されます。

[複線]コマンドの使い方　01 複線作図の基本とコントロールバー → 050 ページ

下側の円弧が柱に重なっているので修正します。

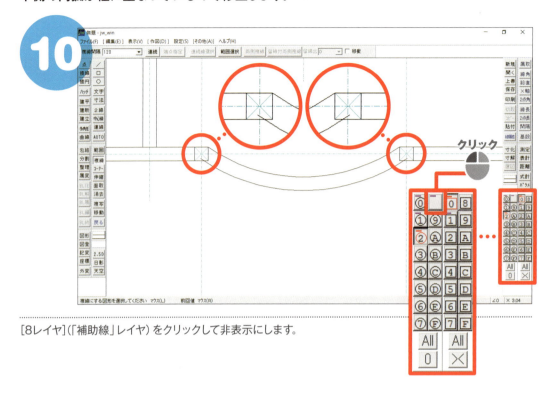

[8レイヤ]（「補助線」レイヤ）をクリックして非表示にします。

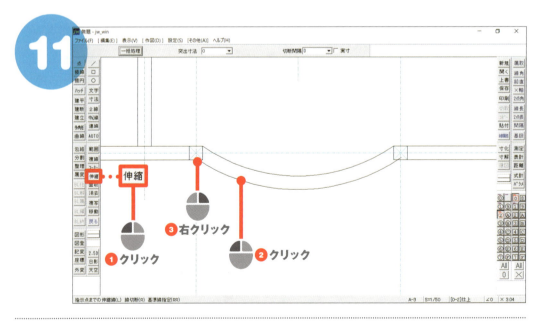

❶ ［伸縮］コマンドをクリックします。
❷ 下側の円弧をクリックして選択します。
❸ 柱と下側の円弧の交点を右クリックします。

［伸縮］コマンドの使い方　01 線分を伸縮する → 046 ページ

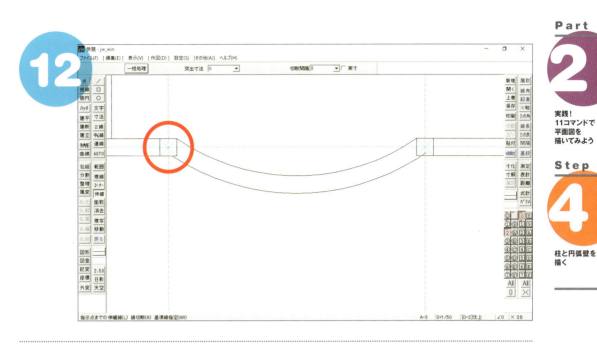

柱に重なった円弧が、柱の線まで伸縮されました。

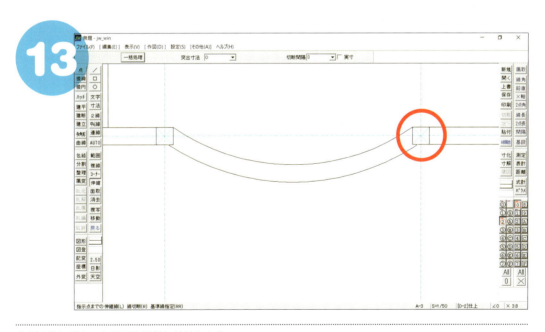

右側の柱に重なった円弧も同様に伸縮します。

これで円弧壁が作図できました。

Step 5 仕上げ線を描く

→ ［コーナー］［複線］［消去］コマンド

作図中の図面は1/50の平面詳細図ですので、柱・軸組からの仕上げの厚みを作図します。外壁側は防火サイディング程度を想定し、厚み30mmとし、内壁は石膏ボードを想定し、厚みを10mmとします。

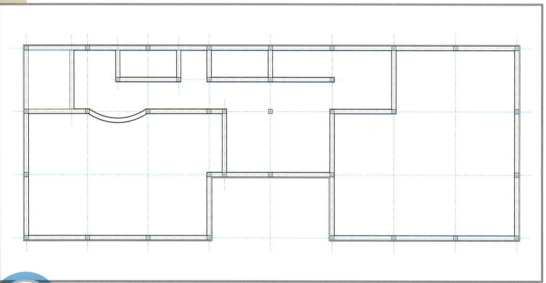

Sample Data「Sample2-05」(.jww)

Step5の完成図面データ「Sample2-05」(.jww) は、付録CD-ROMの「SampleData」フォルダに収録されています。

外壁の仕上げ線を作図する

壁の作図は[0レイヤグループ]([「一般図」レイヤグループ)の[2レイヤ]([「仕上」レイヤ)で行います。仕上げ線は、壁線の複線を作図しコーナー処理を行うことで作図します。

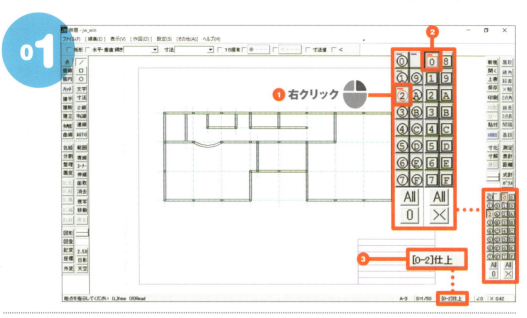

❶ [レイヤ]ツールバーの[2]を右クリックします。
❷ [レイヤグループ]ツールバーは[0]が描き込みレイヤとなっていることを確認してください。
❸ ステータスバーの右に[[0-2]仕上]と表示されているのが確認できます。

外壁の厚みは30mmとします。左端の壁線の30mm左に複線を作図して外壁の仕上げ線を表現します。作図画面は、作業しやすいように適宜拡大・移動しましょう。

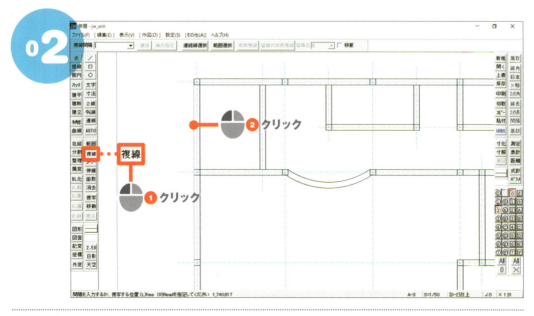

❶ [複線]コマンドをクリックします。
❷ 左側の壁線をクリックして選択します。

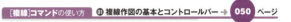

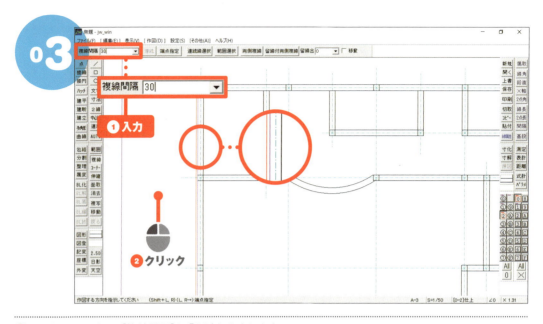

❶ コントロールバーの[複線間隔]に「30」と入力します。
❷ 選択した壁線の左側にマウスポインタを置くと、左30mmの位置に複線が赤で仮表示されます。この状態でクリックすると、仮線の位置に複線が作図されます。

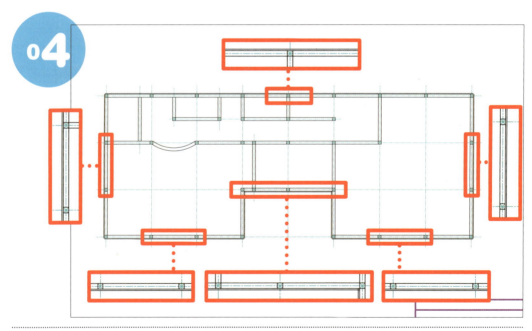

同様にして、図の外壁の仕上げ線を、壁線の外側30mmの位置に複線を作成することで作図していきます。

Hint

Step2のHint(83ページ)で解説したように、[複線]コマンド実行時に、右クリックで複写する対象を選択すると、自動的に、前回[複線間隔]に入力した数値が入力されます。ここでも、壁線を右クリックしていくと、30mm外側への作図が簡単に素早く行えます。

壁線の複線を作図しただけでは、角にすき間が空いてしまっているので、[コーナー] コマンドで角をつないでいきます。

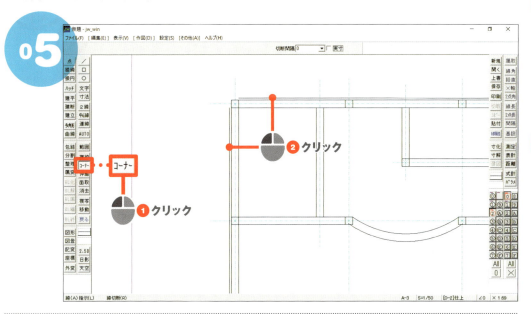

❶ [コーナー] コマンドをクリックします。
❷ コーナーをつなげたい仕上げ線を2本、順にクリックします。

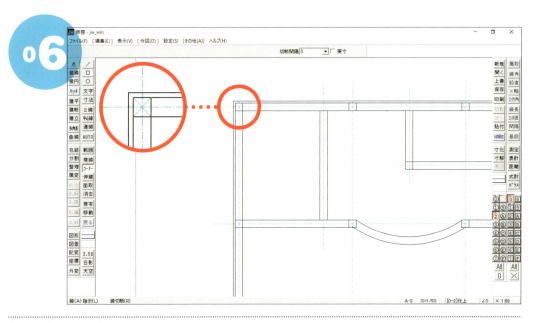

クリックした2つの外壁の仕上げ線がコーナーで結ばれます。

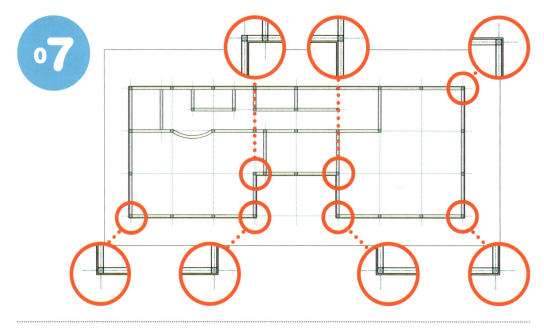

同様に、図のようにほかの外壁の仕上げ線のコーナーを結びます。

内側の仕上げ線を作図する

外壁の仕上げ線が完成したので、続いて同様の方法で内壁の仕上げ線を作図します。はじめに、右の部屋を例に手順を解説していきます。内壁の仕上げは、厚さ9.5mmの石膏ボードを想定しています。誤差を考えて壁線と10mmの間隔をあけて仕上げ線を作図しましょう。

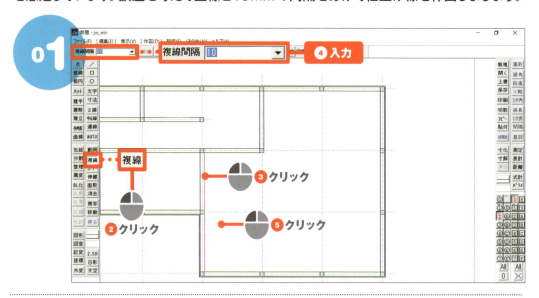

❶ 右の部屋を図のように拡大表示します。
❷ [複線] コマンドをクリックします。
❸ 図の壁線をクリックで選択します。
❹ コントロールバーの[複線間隔]に「10」と入力します。
❺ 選択した壁線の部屋の内側方向にマウスポインタを置くと、壁線から10mmの位置に複線が仮表示されます。この状態でクリックすると、仮表示の位置に複線が作図されます。

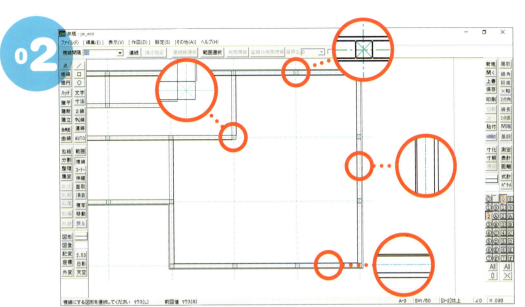

同様に、図のようにほかの内壁の仕上げ線を、部屋の内側10mmの位置に作図します。

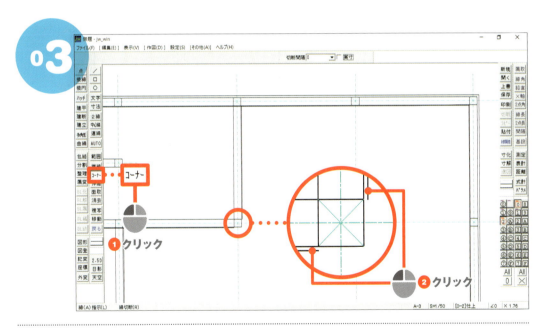

❶ [コーナー] コマンドをクリックします。
❷ コーナーをつなげたい、複写した内壁の仕上げ線を2本、順にクリックします。

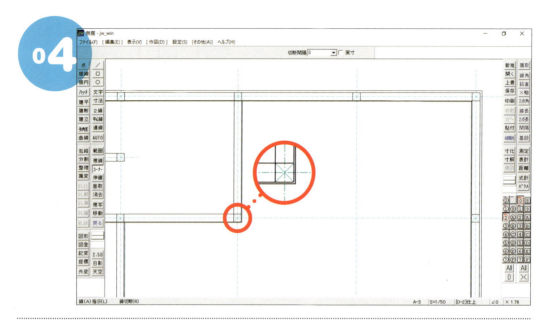

クリックした2つの内壁の仕上げ線がコーナーで結ばれます。

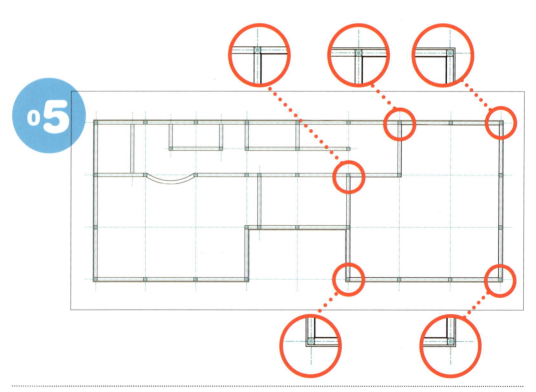

同様にほかの角も処理します。

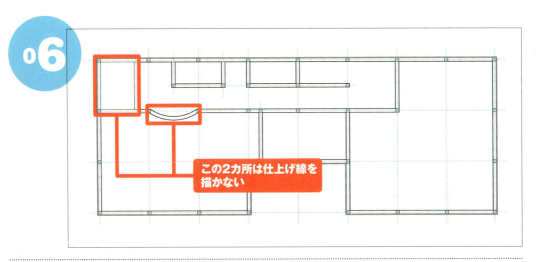

同様にして、部屋ごとに部屋の内側方向へ複線を作図し、コーナー処理を行って内壁の仕上げ線を完成させます。左上の部屋はあとからユニットバスを配置するため、仕上げ線を描きません。また、円弧壁の仕上げ線もまだ作成しません。

入口前中央の不要な壁線を削除しておきます。

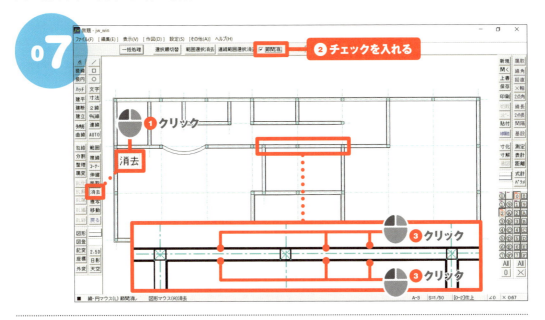

❶ [消去] コマンドをクリックします。
❷ コントロールバーの [節間消し] にチェックを入れます。
❸ 図の壁線と仕上げ線を順にクリックします。

08

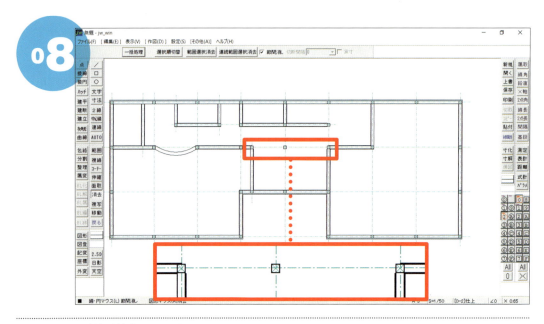

中央の不要な壁線が削除されました。
クリックした壁線の、クリックした点の最寄りの交点の間が消去されます。

09

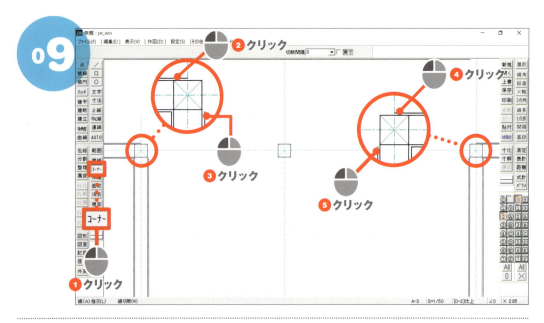

部分消去した壁の端を整えます。
❶ [コーナー] コマンドをクリックします。
❷❸❹❺ 図の線を順にクリックしてコーナー処理します。

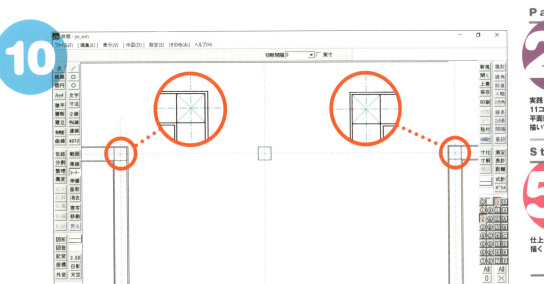

図のようにコーナー処理されました。

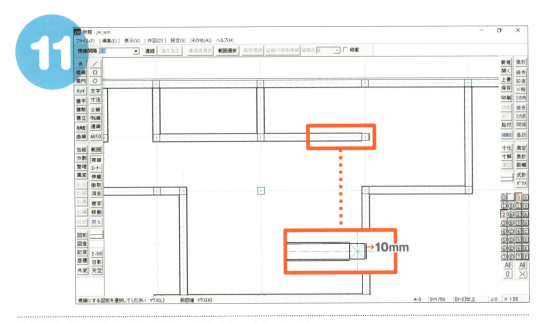

壁線だけでなく、独立壁の端部の柱記号にも複線を作図します。

[複線]コマンドの使い方 → ⓪❶ 複線作図の基本とコントロールバー → 050 ページ

> **Hint**
> 柱記号は、[1レイヤ]([「躯体」レイヤ)に作図されていますが、現在の描き込みレイヤは[2レイヤ]([「仕上」レイヤ)なので、柱記号の外枠の複線は[2レイヤ]([「仕上」レイヤ)に作図されます。

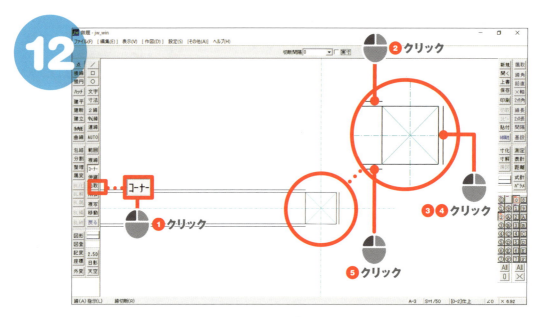

複写した線分のコーナー処理を行います。

[コーナー]コマンドの使い方 ⓪ コーナー処理を行う → **048** ページ

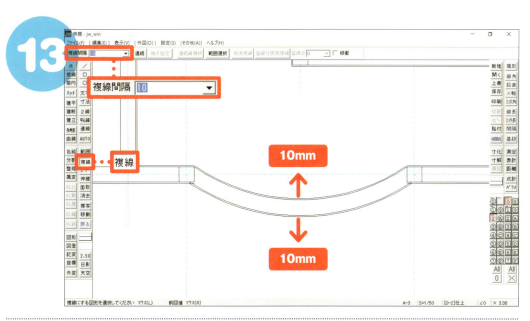

最後に円弧壁の上下それぞれに、外側10mmの位置に仕上げ線を複線で作図します。

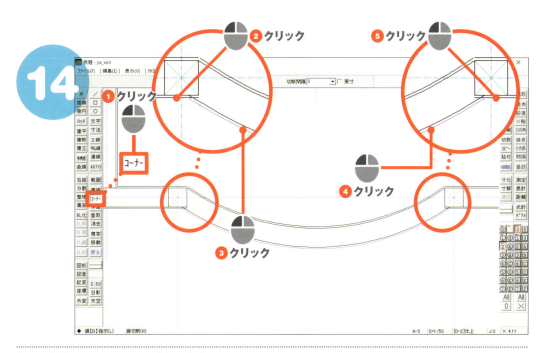

複写した線分のコーナー処理を行います。

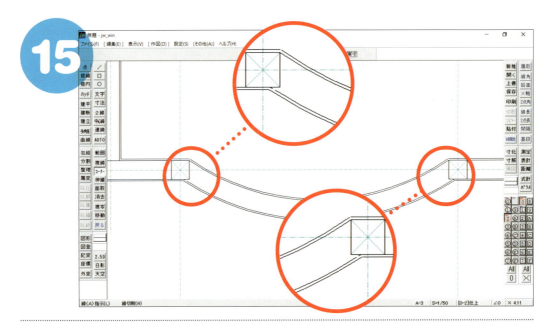

図のようにコーナー処理されました。

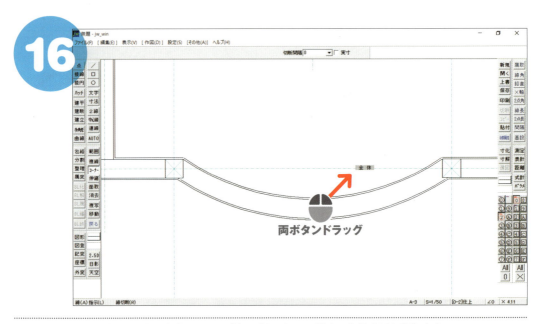

マウスの両ボタンを押して、右上方向にドラッグ(両ボタンドラッグ)し、全体表示に戻します。

これで仕上げ線が完成しました。

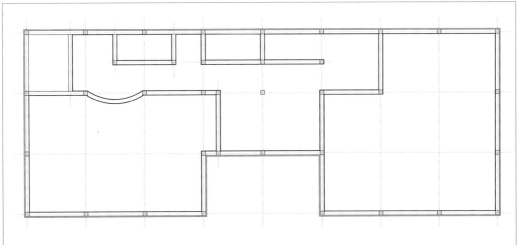

Part 2
実践!
11コマンドで
平面図を
描いてみよう

Step 5
仕上げ線を
描く

6 扉を描く

→ ［／］［○］［消去］［複写］［伸縮］
［コーナー］［複線］コマンド

木製の開き扉と扉枠を作図します。
扉は通常閉じた状態を描きますが、開いた状態を別線色で併記します。こうすることで、扉の存在が一目瞭然となり、図面がわかりやすくなります。

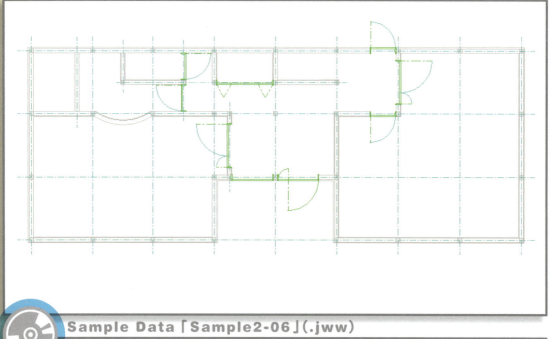

Sample Data「Sample2-06」(.jww)

Step6の完成図面データ「Sample2-06」(.jww)は、付録CD-ROMの「SampleData」フォルダに収録されています。

不要な壁線や仕上げ線を削除する

扉を作図する前に、扉を配置する場所にかかる壁線や仕上げ線を削除します。

01

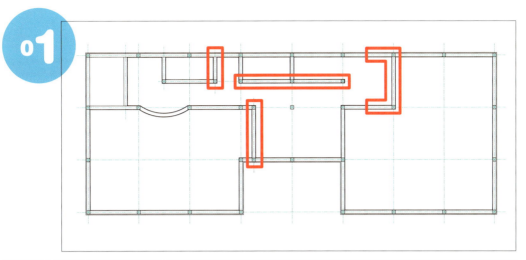

図の枠で囲った部分に扉を配置するので、この部分の壁線と仕上げ線を消去します。

02

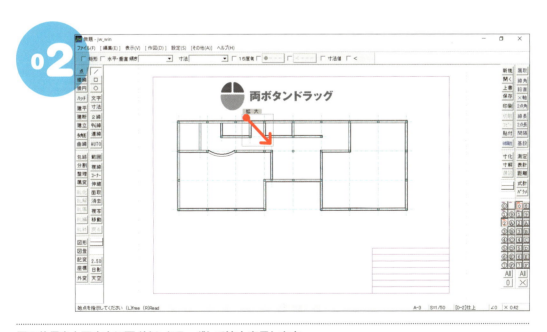

図の位置を右下方向に両ボタンドラッグして拡大表示します。

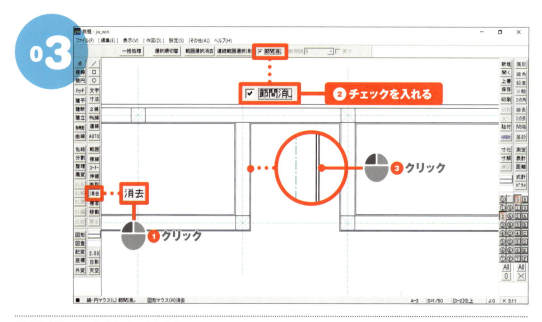

① [消去] コマンドをクリックします。
② コントロールバーの [節間消] にチェックを入れます。
③ 図の仕上げ線をクリックします。

[消去]コマンドの使い方　03 節間を消去 → 043 ページ

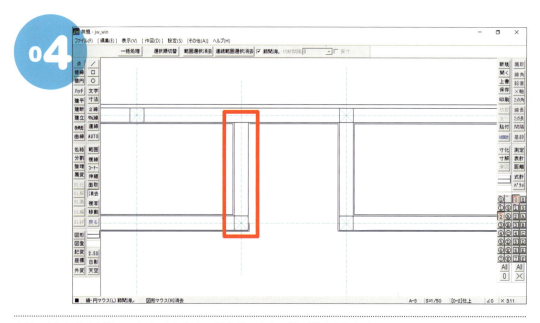

クリックした仕上げ線の、クリックした点の最寄りの交点の間が消去されます。

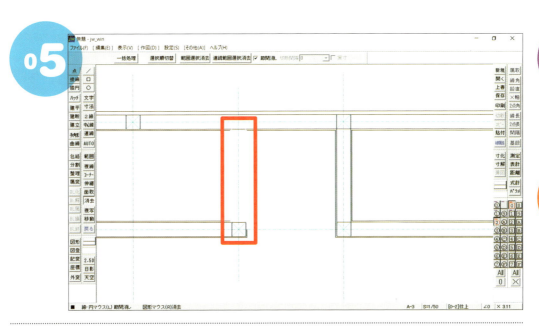

同様に、壁線と、もう一方の壁線と仕上げ線を部分消去（節間消し）します。

扉枠を作図する

扉の作図に入ります。扉は、[0レイヤグループ]（「一般図」レイヤグループ）の[3レイヤ]（「建具」レイヤ）に作図していきます。まずは扉枠を作図します。

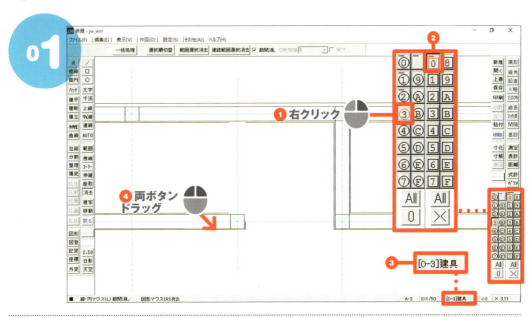

❶ [レイヤ]ツールバーの[3]を右クリックします。
❷ [レイヤグループ]ツールバーは[0]が描き込みレイヤグループになっていることを確認します。
❸ ステータスバーの右に[[0-3]建具]と表示されているのが確認できます。
❹ 図の柱のあたりを右下方向に両ボタンドラッグして拡大表示します。

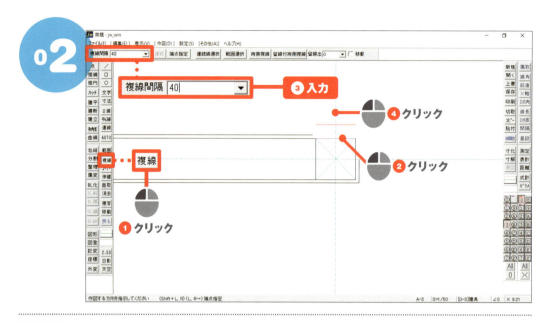

❶ [複線]コマンドをクリックします。
❷ 図の柱記号の枠線をクリックして選択します。
❸ コントロールバーの[複線間隔]に「40」と入力します。
❹ 選択した柱記号の枠線の上側にマウスポインタを置くと、上40mmの位置に複線が赤で仮表示されます。この状態でクリックすると、仮表示の位置に複線が作図されます。

[複線]コマンドの使い方 ➡ ⓪ 複線作図の基本とコントロールバー ➡ 050 ページ

Hint

作図された線分の線色は、読み込んだ環境設定ファイル「11command.jwf」で、[0レイヤグループ] [3レイヤ]の線色・線種として設定されていたものです。

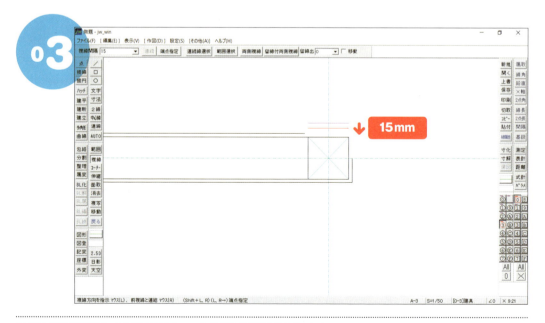

同様の方法で作図した複線の下15mmの位置に複線を作図します。

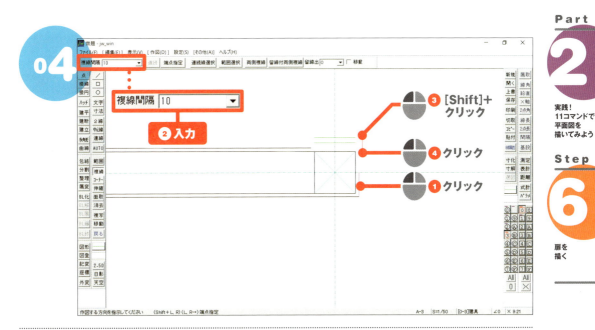

次に、扉枠の見付けを作図します。
❶ 図の仕上げ線をクリックして選択します。
❷ コントロールバーの[複線間隔]に「10」と入力します。
❸ 図のあたりを複線の始点として[Shift]キーを押しながらクリックします。
❹ 同じく終点をクリックして指定します。
始点と終点はだいたいの位置でかまいません。

[複線]コマンドの使い方 → ⓬ 伸縮させて複線を描く → 051 ページ

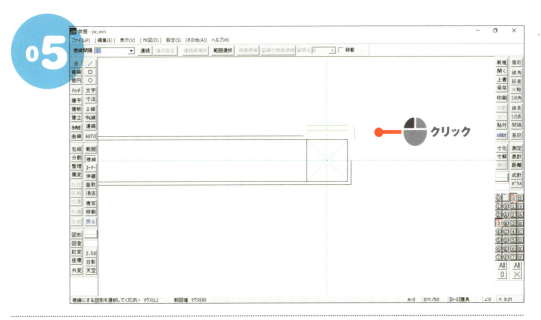

選択した仕上げ線の右側にマウスポインタを置くと、10mm右の位置に複線が赤で仮表示されます。
この状態でクリックすると仮線が確定して複線が作図されます。

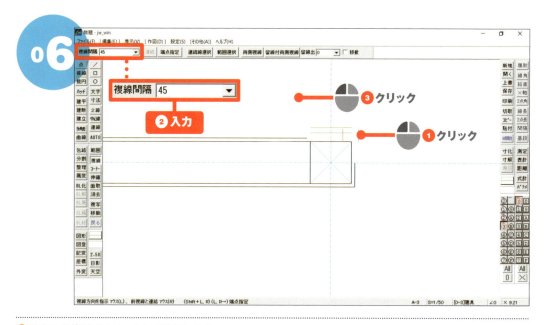

❶ 作図した複線をクリックして選択します。
❷ コントロールバーの［複線間隔］に「45」と入力します。
❸ 選択した複線の左側にマウスポインタを置くと、45mm左に複線が赤で仮表示されます。この状態でクリックすると仮線が確定して複線が作図されます。

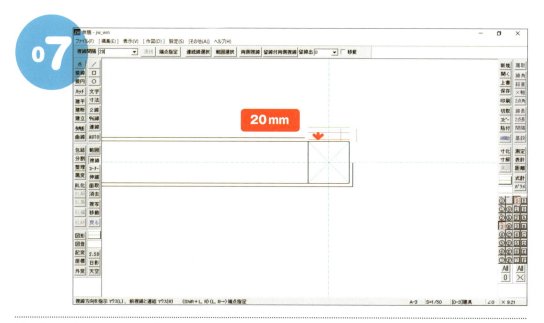

手順02と同様の方法で、手順03で作図した複線の、さらに下20mmの位置に複線を作図します。

扉枠に見えるように、コーナー処理を行います。

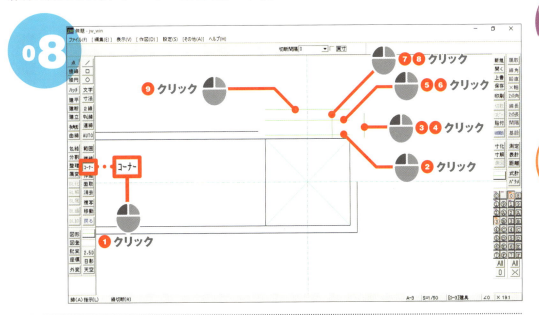

❶ [コーナー] コマンドをクリックします。
図の❷〜❾の順で線分をクリックして、コーナー処理を行います。

[コーナー]コマンドの使い方　01 コーナー処理を行う → 048 ページ

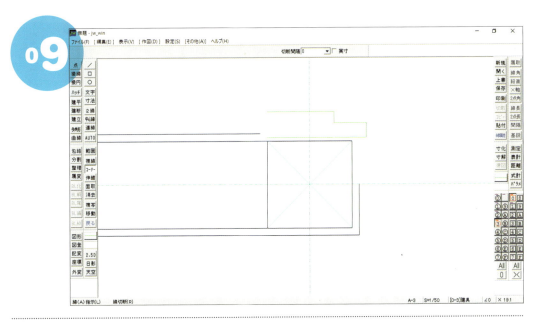

コーナー処理が行われ、図のようになります。

これで扉枠の片側が完成しました。
この部分を反転複写することで、扉枠を完成させます。

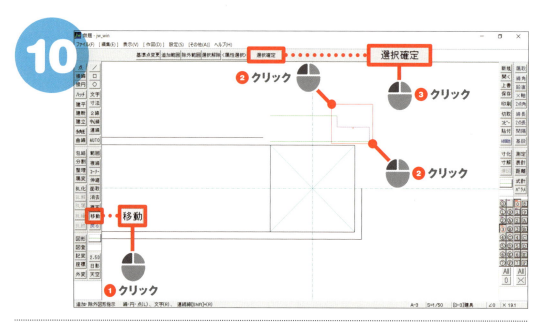

❶ [移動]コマンドをクリックします。
❷ 図の2カ所をクリックして範囲選択します。
❸ コントロールバーの[選択確定]ボタンをクリックします。

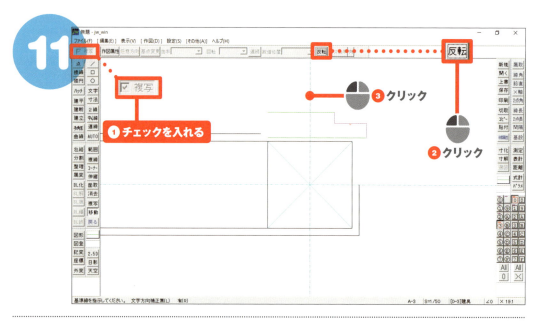

❶ コントロールバーの[複写]にチェックを入れます。
❷ コントロールバーの[反転]ボタンをクリックします。
❸ 反転複写の基準となる図の通り芯をクリックします。

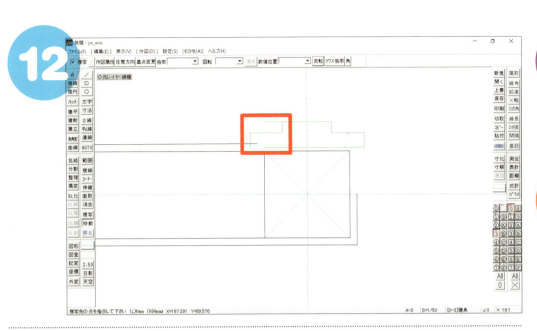

手順⑩で選択した3本の線が、通り芯を基準に反転複写されます。

反転した図形を[コーナー]コマンドで整えます。

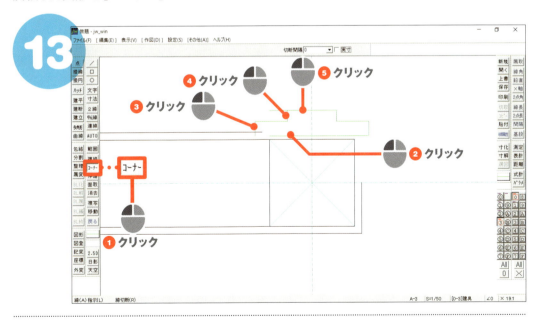

❶ [コーナー]コマンドをクリックします。
❷～❺の順で線分をクリックして、コーナー処理を行います。

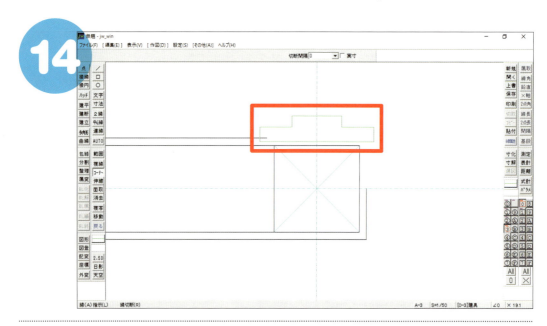

コーナー処理が行われ、図のようになります。

扉枠の位置まで、仕上げ線を伸縮します。

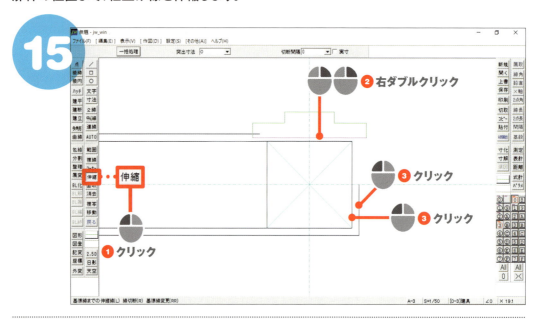

❶ [伸縮] コマンドをクリックします。
❷ 扉枠の下端の線分を右ダブルクリックして、仕上げ線の伸縮の基準（ガイドライン）とします。
❸ ガイドラインまで伸縮させたい線分をクリックしていきます。

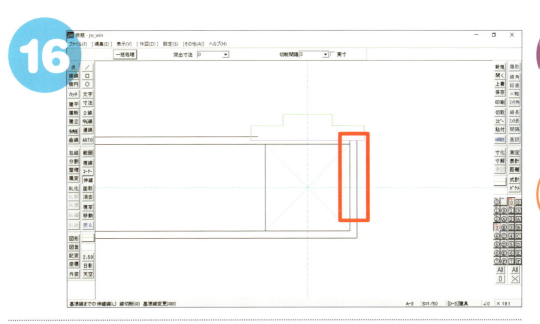

クリックした線分がガイドラインまで延長されます。

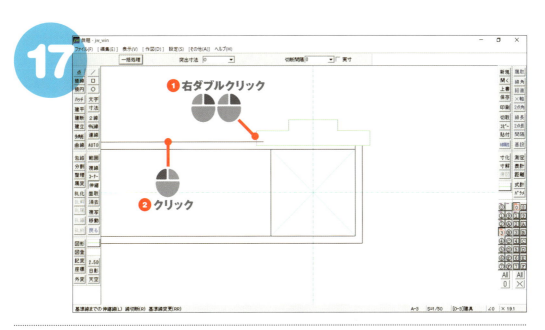

手順⑮と同様の操作で、上の仕上げ線を扉枠の左端の線分まで縮めます。

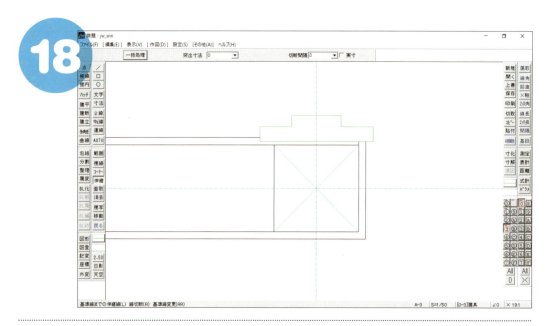

扉の下側の扉枠が完成しました。

完成した扉枠を180度回転複写して、上側の扉枠とします。

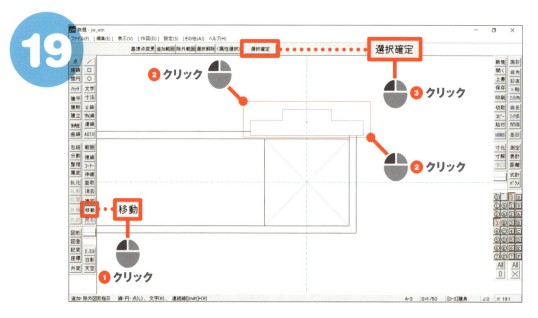

① [移動] コマンドをクリックします。
② 図の2カ所をクリックして作図した扉枠を範囲選択します。
③ コントロールバーの [選択確定] ボタンをクリックします。

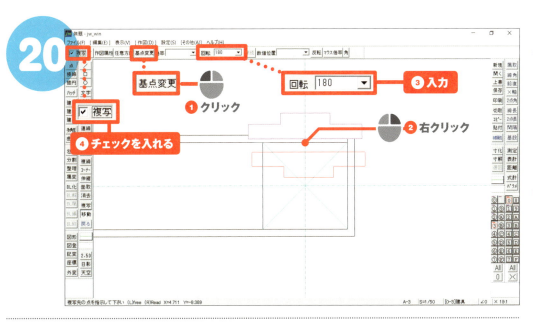

❶ コントロールバーの[基点変更]ボタンをクリックします。
❷ 図の交点を右クリックし、複写の基準とします。
❸ [回転]に「180」と入力します。
❹ [複写]にチェックを入れます。

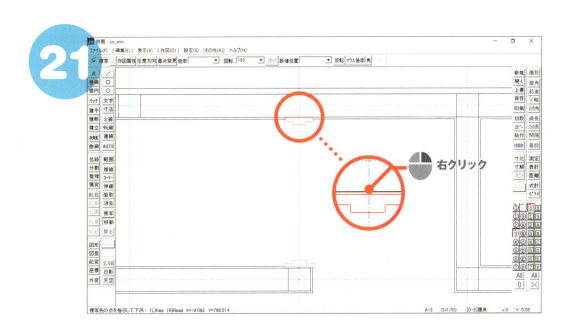

扉の開口部の反対側の図の交点を右クリックして、扉枠の複写先を指定します。

上側の扉枠に仕上げ線が食い込んでいるので、これを伸縮します。

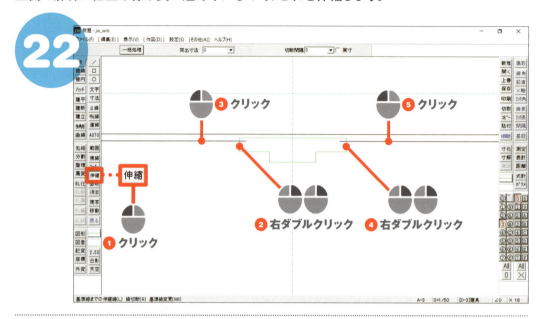

❶ ［伸縮］コマンドをクリックします。
❷ 扉枠の左端の線分を右ダブルクリックして仕上げ線の伸縮の基準（ガイドライン）とします。
❸ ガイドラインまで伸縮させたい線分をクリックします。
❹❺ 反対側も同様にします。

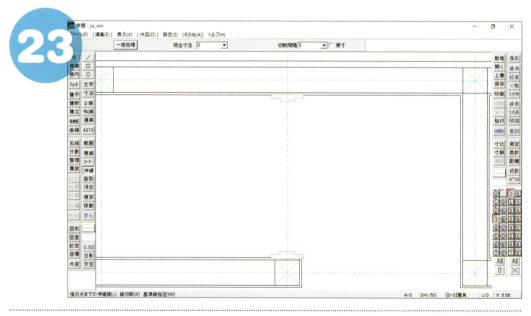

図のように上下の扉枠が、開口部に作図できました。

扉を作図する

扉の作図に入ります。扉は扉枠と同様に[0レイヤグループ]（「一般図」レイヤグループ）の[3レイヤ]（[建具]レイヤ）に作図していきます。

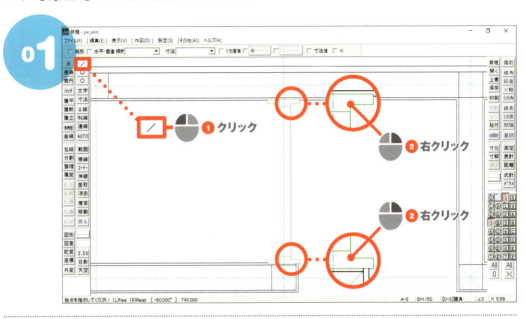

❶ [／]（線）コマンドをクリックします。
❷ 図の2点を順に右クリックして、扉枠を結ぶ線分を作図します。

[／]（線）コマンドの使い方 ❶ 基本的な線分の書き方とコントロールバー → 034 ページ

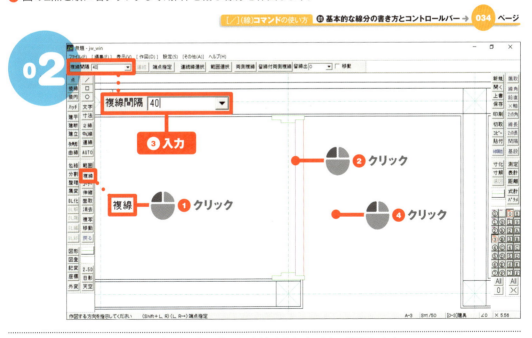

❶ [複線]コマンドをクリックし、❷ 手順01で作図した線分をクリックして選択します。
❸ コントロールバーの[複線間隔]に「40」と入力します。
❹ 選択した線分の右側にマウスポインタを置くと、右40mmの位置に複線が赤で仮表示されます。この状態でクリックすると、仮表示の位置に複線が作図されます。

これで扉と扉枠が完成しました。

次に扉の開き位置を作図しますが、これは[一点鎖線]で作図します。

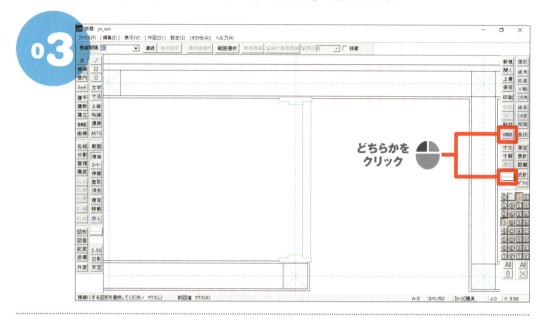

[線属性]ボタンをクリックします。

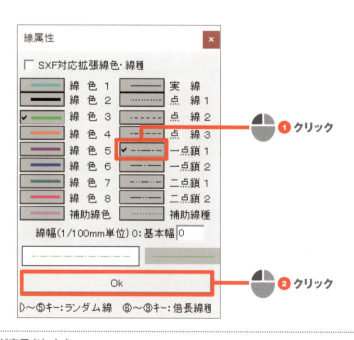

[線属性]ダイアログボックスが表示されます。
❶ [一点鎖1]ボタンをクリックします。
❷ [OK]ボタンをクリックし、[線属性]ダイアログボックスを閉じます。

これで描き込み線種が[一点鎖1]になりました。

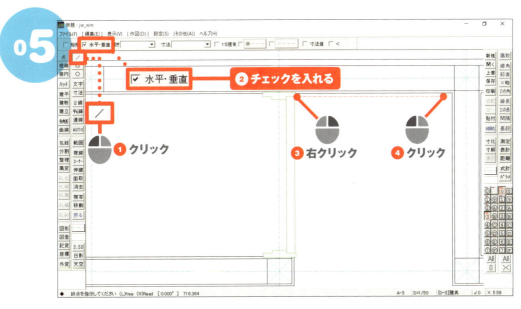

❶ [／](線)コマンドをクリックします。
❷ コントロールバーの[水平・垂直]にチェックを入れます。
❸ 扉枠と扉の交点を右クリックします。
❹ 右方向の扉の幅あたりでクリックして、水平線を作図します。

これで、扉の開き位置が作図できました。
次に扉の軌跡を作図しますが、これは[線色1][実線]で作図します。

❶ 手順03の方法で再度[線属性]ダイアログボックスを表示します。
❷ [線色1]と[実線]ボタンをクリックします。
❸ [OK]ボタンをクリックし、[線属性]ダイアログボックスを閉じます。

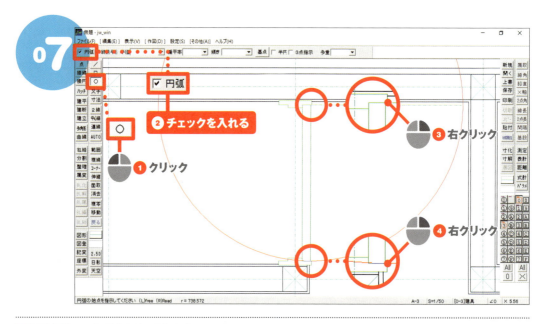

① [○] (円) コマンドをクリックします。
② コントロールバーの [円弧] にチェックを入れます。
③ 扉の外側の上端と④下端を右クリックして、円弧の中心と始点（半径）を指定します。

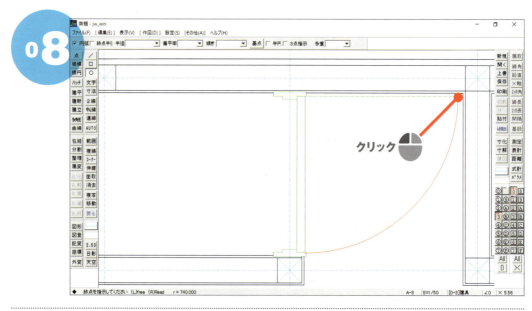

マウスポインタの位置に追従し、手順07の④で右クリックした点から円弧が仮表示されます。
マウスを反時計回りに動かし、扉の開き位置と交差するあたりでクリックして円弧を作図します。

扉の開き位置と扉の軌跡の交点を、コーナー処理で整えます。

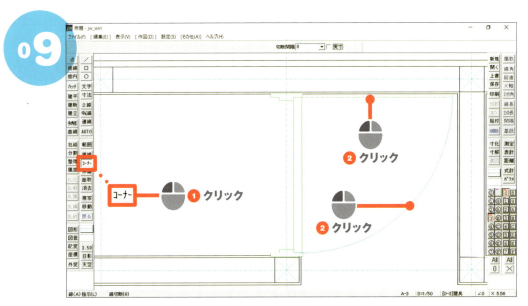

① [コーナー] コマンドをクリックします。
② 図の線分と円弧をクリックし、コーナー処理を行います。

[コーナー]コマンドの使い方　⑧ 円弧のコーナー処理 → 049 ページ

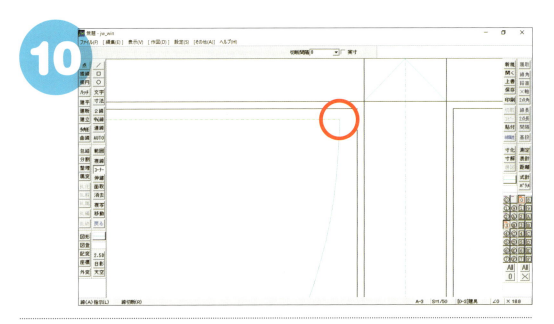

扉の開き位置と扉の軌跡がぴったりと合います。

これで、扉全体が完成しました。

Hint

ここからは、扉、扉枠、扉の開き位置、扉の軌跡を総称して扉と表記します。

扉を複写して配置する

扉が1つ作図できたら、柱記号の作図と同様に必要な個所に複写していきます。ただし、扉は柱記号と異なり方向があるので、回転複写や反転複写を活用します。

そろそろ図面の描き込みも多くなってきたので、扉の複写時に余計な図形を編集してしまうミスを回避するために、まずは作業に関係のないレイヤを表示のみレイヤにしておきましょう。

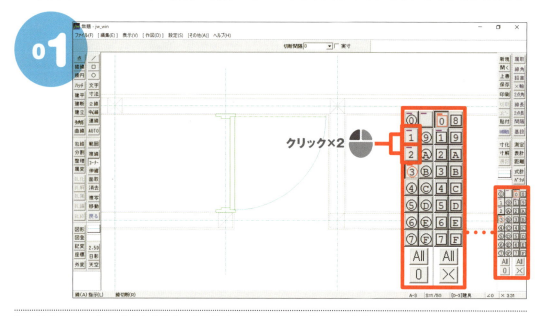

[レイヤ]ツールバーの[1]と[2]をそれぞれ2回クリックして、[1レイヤ]（「躯体」レイヤ）、[2レイヤ]（「仕上」レイヤ）を表示のみレイヤにします。これで、[1レイヤ]（「躯体」レイヤ）と[2レイヤ]（「仕上」レイヤ）に作図された、柱記号と、壁線、仕上げ線が淡いグレー表示になり、選択や編集ができなくなります。

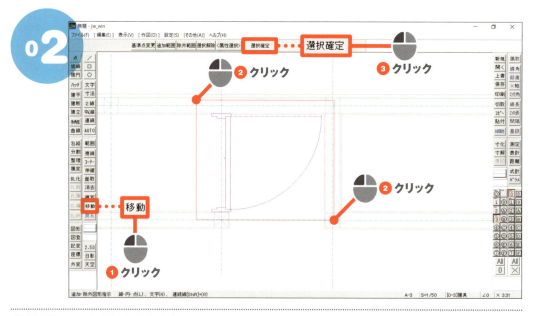

❶ [移動]コマンドをクリックします。
❷ 扉の左上と右下をクリックして範囲選択します。
❸ コントロールバーの[選択確定]ボタンをクリックします。

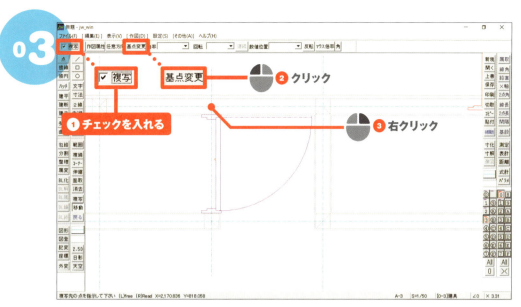

❶ コントロールバーの[複写]にチェックを入れます。
❷ [基点変更]ボタンをクリックします。
❸ 図の柱記号の中心点を右クリックし、複写の基準とします。

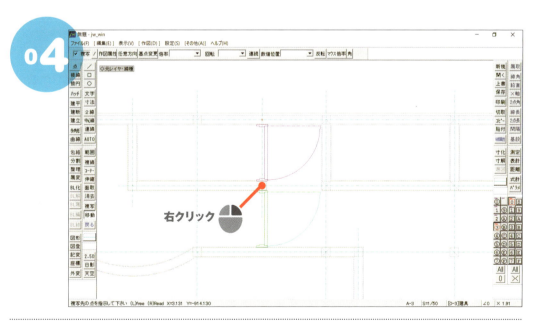

図の柱記号の中心を右クリックすると、図の位置に扉が複写されます。

複写された扉を反転させます。

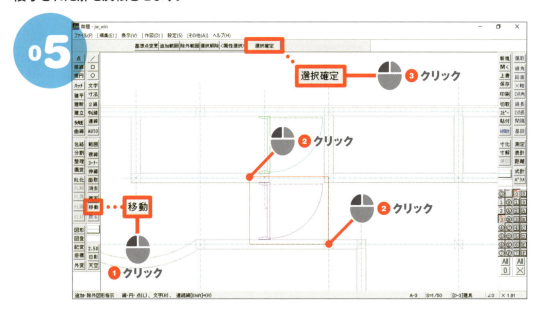

① [移動] コマンドをクリックします。
② 複写した扉の左上、続けて右下をクリックして範囲選択します。
③ コントロールバーの[選択確定]ボタンをクリックします。

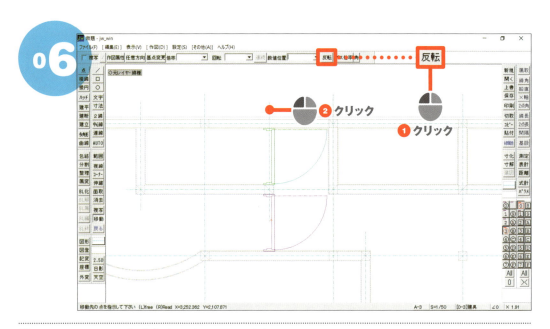

① コントロールバーの[反転]ボタンをクリックします。
② 図の通り芯をクリックします。

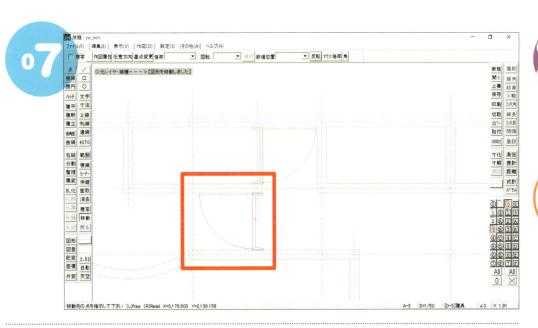

手順06の❷でクリックした通り芯を軸に、扉の開き方向が反転します。

同様に、図の部分に扉を回転複写します。

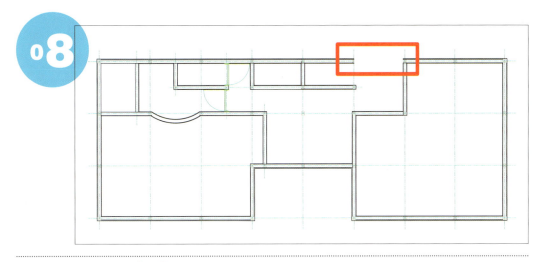

130～131ページの手順03～05と同様の操作で図の壁と仕上げ線を部分消去（節間消し）します。

[消去]コマンドの使い方 → 03 節間を消去 → 043 ページ

Hint

壁と仕上げ線を削除するには、[1レイヤ]（「躯体」レイヤ）と[2レイヤ]（「仕上」レイヤ）をそれぞれクリックして編集可能レイヤにする必要があります。削除作業が終わったら、再び表示のみレイヤにしましょう。

扉をさらに90度回転して複写します。

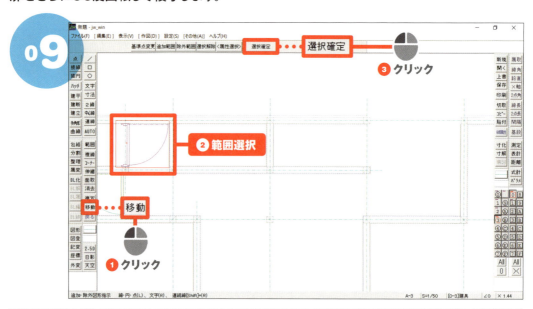

❶ ［移動］コマンドをクリックします。
❷ 図の扉を範囲選択し、コントロールバーの［選択確定］ボタンをクリックします。

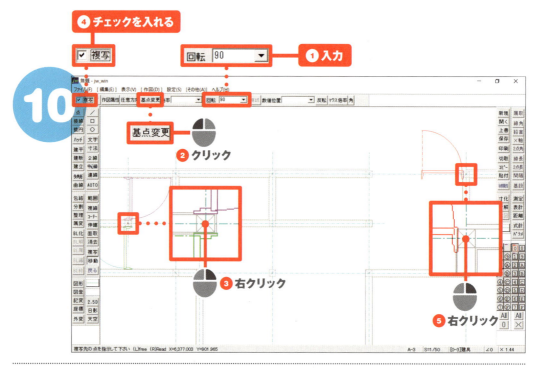

❶ コントロールバーの［回転］に「90」と入力します。
❷ ［基点変更］ボタンをクリックします。
❸ 扉枠の下、図の位置を右クリックします。
❹ ［複写］にチェックを入れます。
❺ 90度回転した扉がマウスポインタに追随して仮表示されます。図の位置を右クリックして配置します。

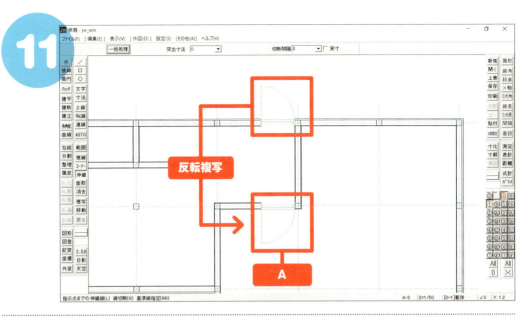

複写した扉に合わせて、[伸縮]コマンドで壁と仕上げ線を伸ばして整えます。
同様に Ⓐ の位置の壁線と仕上げ線を削除し、150ページの手順06と同様にして扉を反転複写し、壁と仕上げ線を整えます。

[伸縮]コマンドの使い方　03 基準線まで線分を伸縮 → 047 ページ

親子扉を作図する

図の位置に親子扉を作図します。

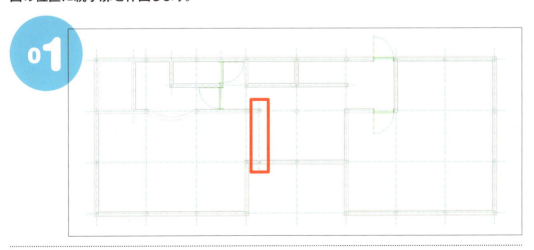

仕上げ線、および壁線はStep6手順03〜05（130〜131ページ）同様の操作で削除しておきます。

[消去]コマンドの使い方　03 節間を消去 → 043 ページ

複写の基準となる線分を作図します。

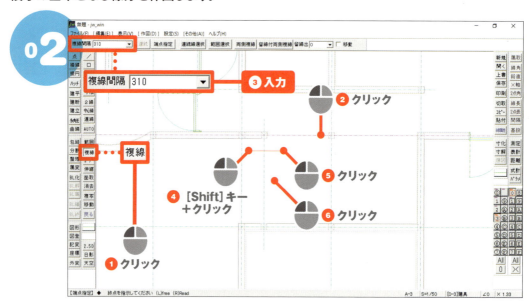

❶ [複線] コマンドをクリックします。
❷ 図の通り芯をクリックします。
❸ コントロールバーの[複線間隔]に「310」と入力します。
❹ 複線の始点として図のあたりを[Shift]キーを押しながらクリックします。
❺ 終点をクリックで指定します。
❻ 選択した通り芯の下方の、始点と終点の間に相当する位置に複線が赤で仮表示されます。この状態でクリックすると、仮表示の位置に複線が作図されます。
始点と終点の位置は、だいたいの位置で構いません。

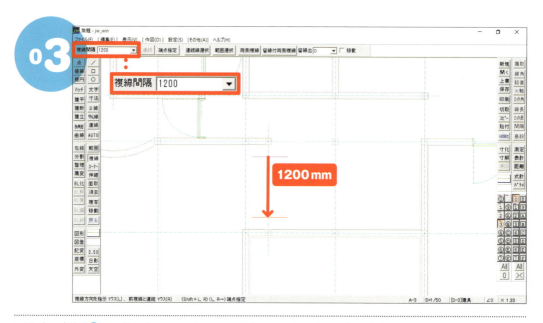

132ページ手順❷と同様の方法で、さらに下方向1200mmの位置に複写します。

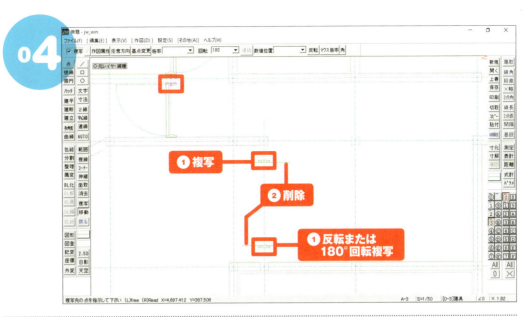

❶ 上部にあるすでに作図済みの建具枠を図の位置に複写します。
❷ 手順02〜03で作図した基準線は、不要になったので削除します。

❶ [レイヤ]バーの[2]レイヤを右クリックして描き込みレイヤにします。
❷ 枠までの仕上げ線と壁線を作成します。

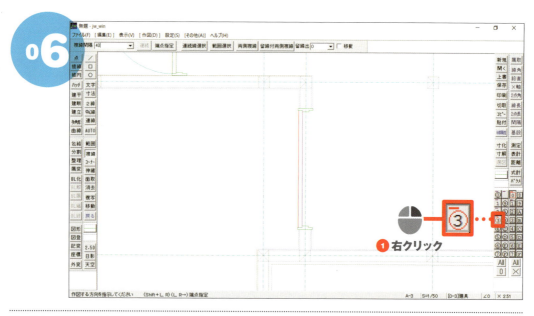

① 仕上げ線と壁線が描けたら、[レイヤ]バーの[3]レイヤを右クリックして描き込みレイヤにし、[2]レイヤを2回クリックしてグレー表示にします。

② [／]コマンドと[複線]コマンドで図の扉を作図します。[複線間隔]は「40」です。

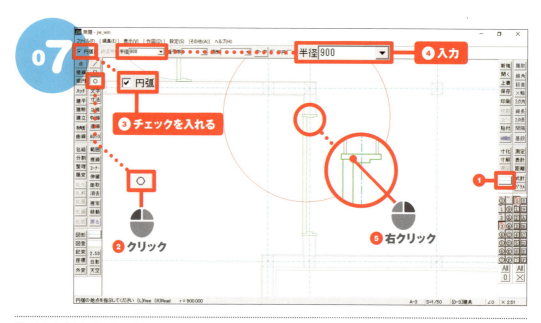

① 線色を[線色1]にします。
② [○](円)コマンドをクリックします。
③ コントロールバーの[円弧]にチェックを入れます。
④ コントロールバーの[半径]に「900」と入力します。
⑤ 図の位置を右クリックします。

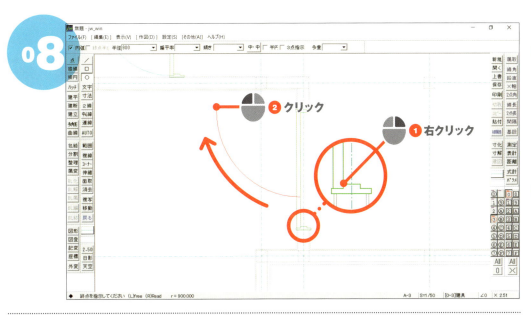

① 図の位置を右クリックして円弧の始点を決めます。
② 続いてマウスを左上に動かし、図のあたりでクリックし、円弧を作図します

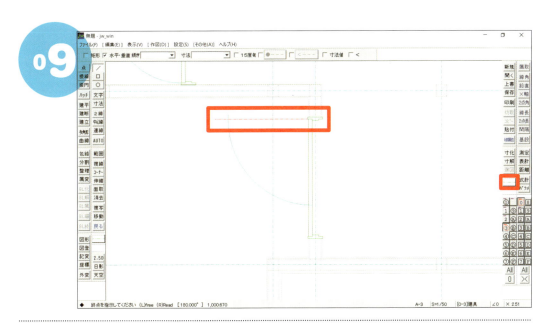

図の位置に[一点鎖1][線色3]の水平線を作図します。

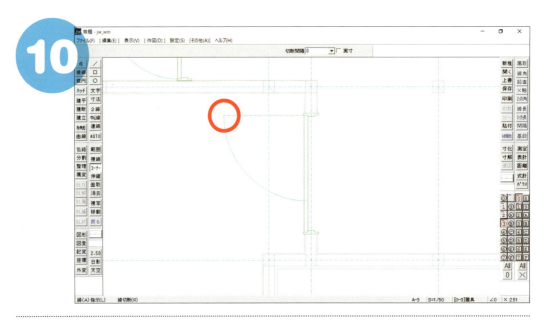

円弧と水平線の交点を[コーナー]コマンドで整えます。

手順07〜10を参考に、半径300の子扉を作図します。

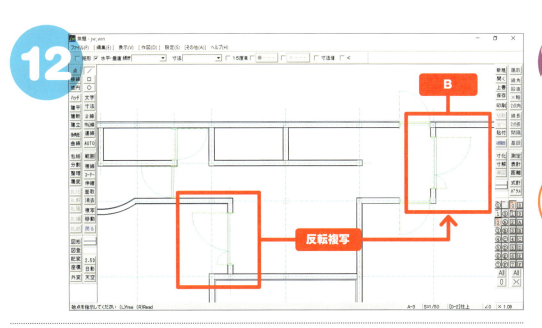

同様に、Bの位置の壁線、仕上げ線も削除し、親子扉を反転複写で作図します。

[複線]コマンドの使い方　02 伸縮させて複線を描く → 051 ページ

折戸を配置する

図の位置に折戸を作図します。

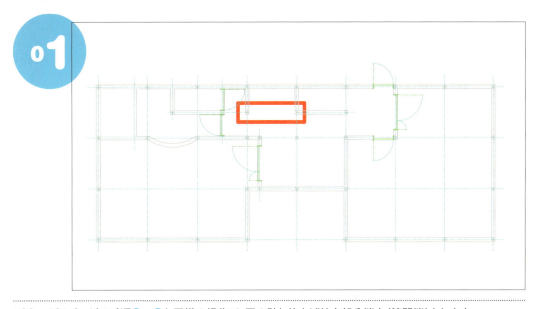

130〜131ページの手順03〜05と同様の操作で、図の壁と仕上げ線を部分消去（節間消し）します。

[消去]コマンドの使い方　03 節間を消去 → 043 ページ

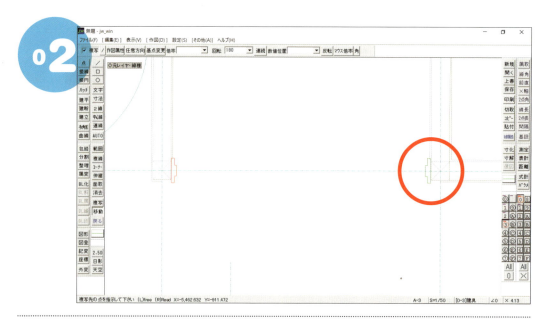

すでに作図済みの建具枠を図の位置に複写します。

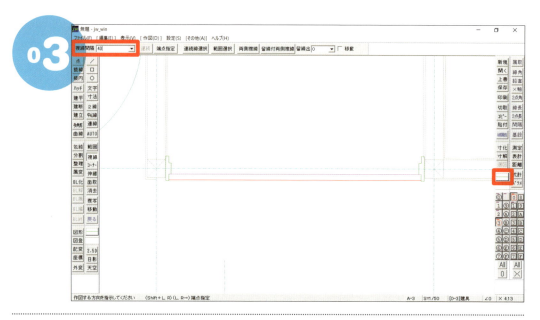

線色を[線色3]、線種を[実線]にして図の位置に[／]コマンドと[複線]コマンドで扉を作図します。[複線間隔]は「40」です。

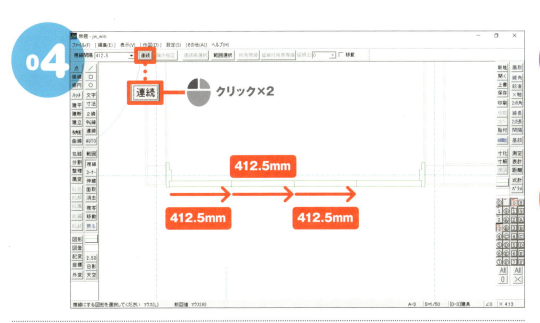

図のように、[複線]コマンドで扉枠の線を右方向412.5mmの位置に3回連続複写します。

[複線]コマンドの使い方 ➡ 01 複線作図の基本とコントロールバー ➡ 050 ページ

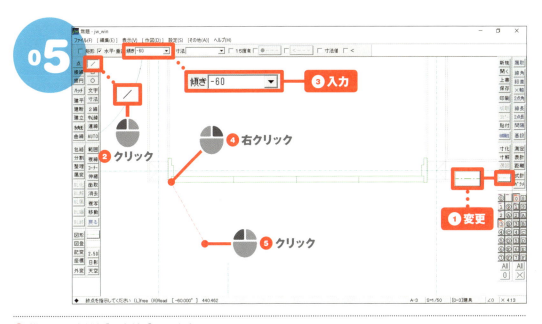

❶ 描き込み線種を[一点鎖1]にします。
❷ [／](線)コマンドをクリックします。
❸ コントロールバーの[傾き]に「-60」と入力します。
❹ 図の位置を始点として右クリックします。
❺ 始点の右下にあたる図の位置を終点としてクリックします。

[／](線)コマンドの使い方 ➡ 03 傾き、長さを指定して線分を描く ➡ 035 ページ

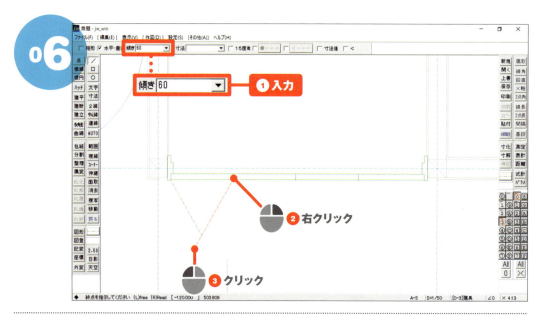

1 コントロールバーの[傾き]に「60」と入力します。
2 図の位置を始点として右クリックします。
3 始点の左下にあたる図の位置を終点としてクリックします。

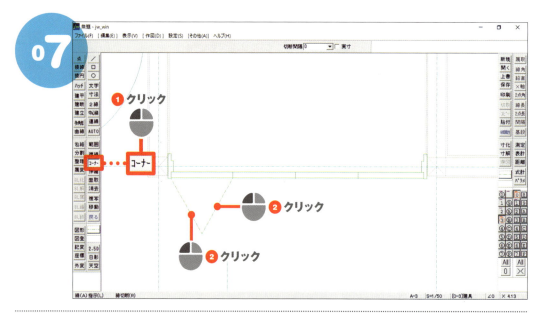

手順05〜06で作図した線の交点を[コーナー]コマンドで整えます。

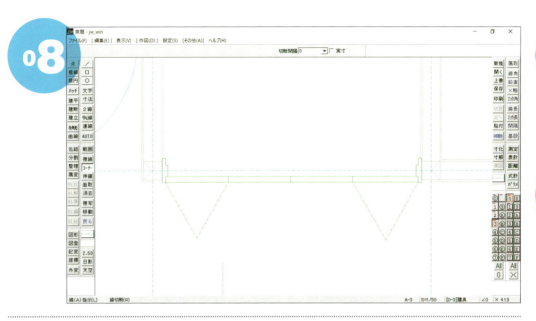

同様に右側の開き位置も作図して完成です。

図の位置に玄関扉を作図しましょう。

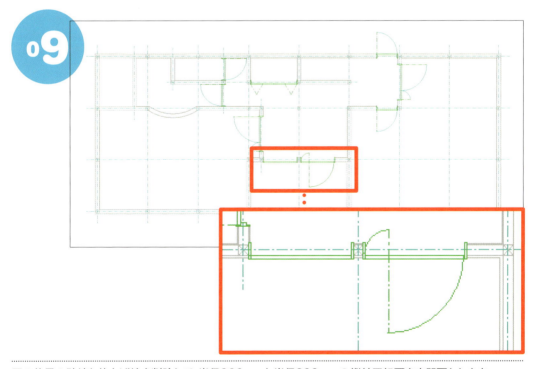

図の位置の壁線と仕上げ線を削除して、半径900mmと半径300mmの縦軸回転扉を玄関扉とします。

Step 7 窓を描く

→ ［／］［消去］［伸縮］［コーナー］［複写］
　［複線］コマンド

扉と窓は総称して「建具」と呼ばれています。Jw_cadには、登録した建具を配置するだけで簡単に作図できる「オプション建具」機能があります。また、アルミサッシは各メーカーが図形データをWeb上で公開していますが、ここでは作図の練習のために簡易化した建具（窓）を一から作図しましょう。

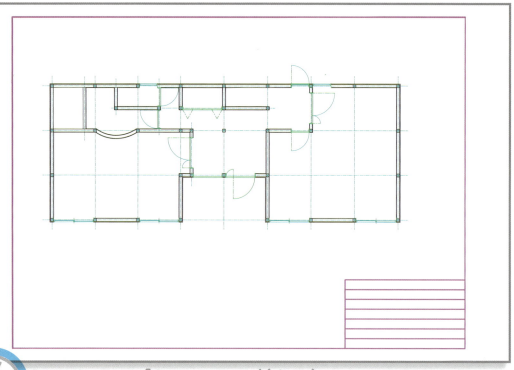

Sample Data「Sample2-07」(.jww)

Step7の完成図面データ「Sample2-07」(.jww)は、付録CD-ROMの「SampleData」フォルダに収録されています。

建具枠を作図する

窓も扉と同様に、[0レイヤグループ]（「一般図」レイヤグループ）の[3レイヤ]（「建具」レイヤ）に作図していきます。まずは窓を配置する壁線を削除し、建具枠の作図からスタートします。

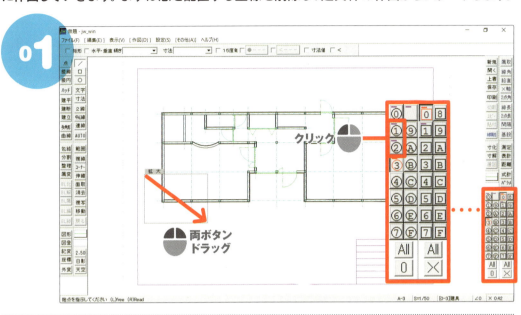

[レイヤ]ツールバーの[1][2]レイヤをそれぞれクリックして、編集可能レイヤに戻します。図の位置を右下方向に両ボタンドラッグして拡大表示します。

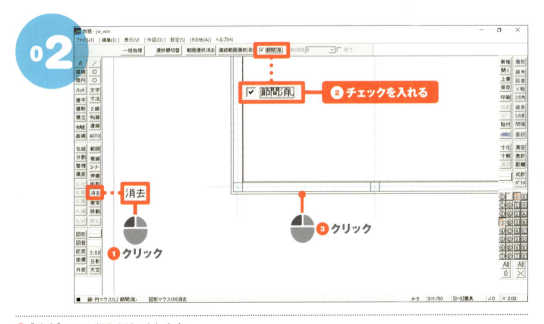

❶ [消去]コマンドをクリックします。
❷ コントロールバーの[節間消し]にチェックを入れます。
❸ 図の外壁仕上げ線をクリックします。

[消去]コマンドの使い方　⓬ 線分の部分消去 → **043** ページ

03

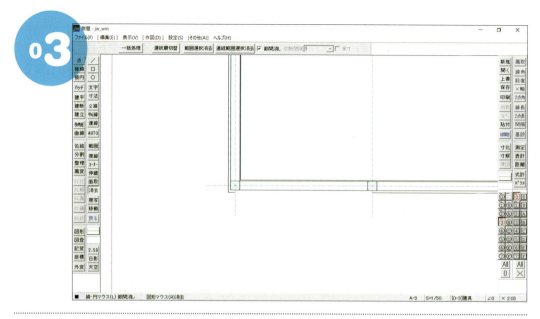

図のように通り芯の間が部分消去されます。

04

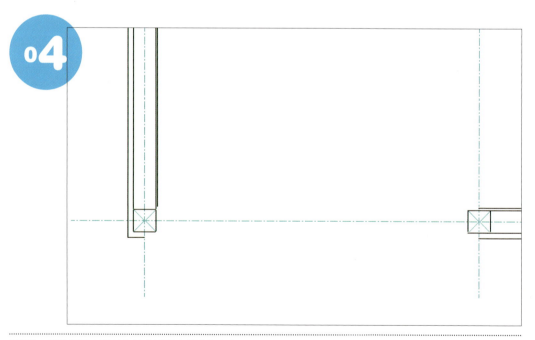

同様に、同じ区間の壁線と仕上げ線を消去します。

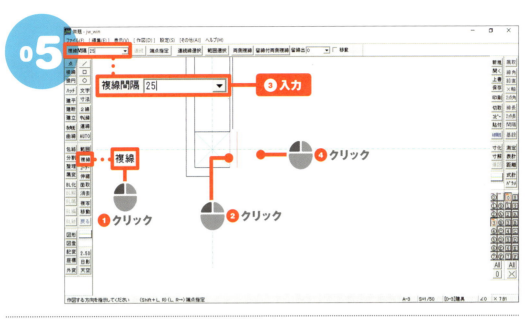

❶ [複線]コマンドをクリックします。
❷ 図の柱記号の枠線をクリックして選択します。
❸ コントロールバーの[複線間隔]に「25」と入力します。
❹ 選択した柱記号の右側にマウスポインタを置くと、右25mmの位置に複線が赤で仮表示されます。この状態でクリックすると、仮表示の位置に複線が作図されます。

[複線]コマンドの使い方 → ❶ 複線作図の基本とコントロールバー → 050 ページ

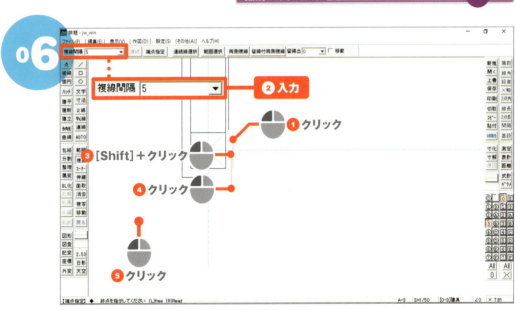

❶ 作図した複線をクリックして選択します。
❷ コントロールバーの[複線間隔]に「5」と入力します。
❸ 複線の始点として図のあたりを[Shift]キーを押しながらクリックします。
❹ 終点をクリックで指定します。
❺ 選択した線分の左5mmの位置に複線が赤で仮表示されます。この状態でクリックすると、仮表示の位置に複線が作図されます。
始点と終点は、だいたいの位置でかまいません。

[複線]コマンドの使い方 → ❷ 伸縮させて複線を描く → 051 ページ

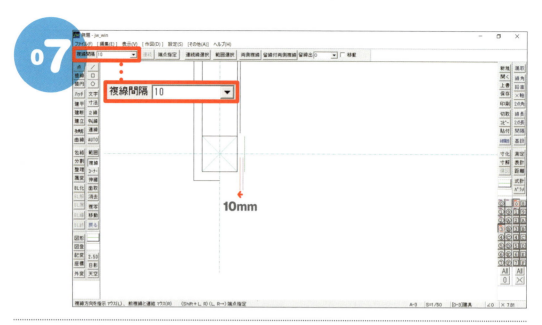

手順05の方法で、左方10mmの位置にさらに複線を作図します。

[複線]コマンドの使い方　01 複線作図の基本とコントロールバー → 050 ページ

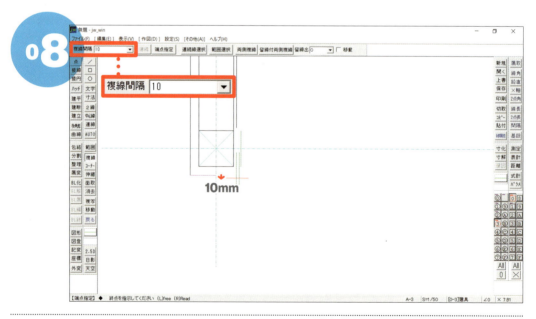

手順06の方法で、下の仕上げ線の複線を下10mmの位置に、伸縮させて作図します。
伸縮個所はだいたいの位置でかまいません。

[複線]コマンドの使い方　02 伸縮させて複線を描く → 051 ページ

09

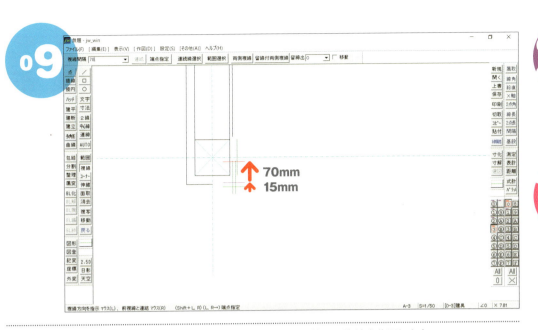

手順 05 の方法で上方向15mmの位置に、さらに上方向70mmの位置に複線を作図します。

[複線]コマンドの使い方　① 複線作図の基本とコントロールバー → 050 ページ

10

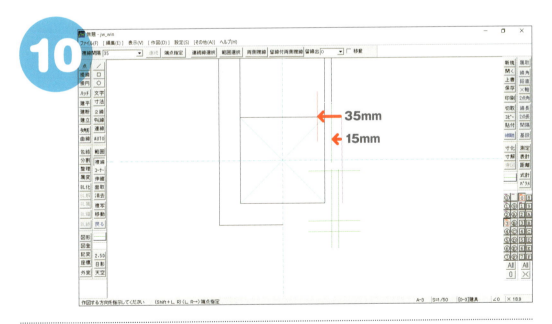

❶ 手順 06 の方法で、手順 05 で作図した複線を左15mmの図の位置に、複線を伸縮させて作図します。
❷ 同様に、左35mmの位置に、さらに複線を伸縮させて作図します。
どちらも伸縮個所はだいたいの位置でかまいません。

[複線]コマンドの使い方　② 伸縮させて複線を描く → 051 ページ

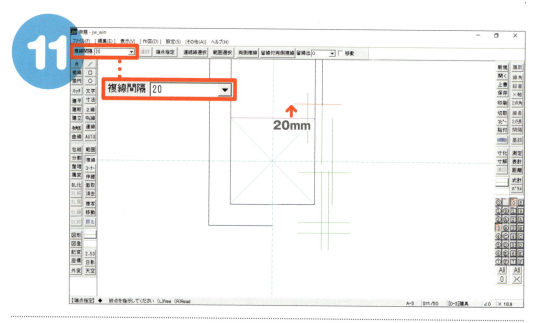

同様に、柱記号の上枠の複線を上20mmの図の位置に、伸縮させて作図します。
伸縮個所はだいたいの位置でかまいません。

［複線］コマンドの使い方　02 伸縮させて複線を描く → 051 ページ

建具枠（窓枠）に見えるように、コーナー処理を行います。

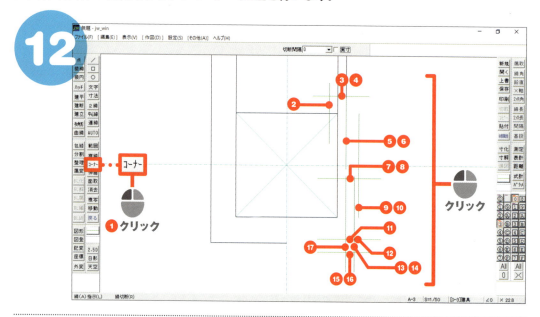

❶ ［コーナー］コマンドをクリックします。
❷〜⓱ 図の順で線分をクリックして、コーナー処理を行います。

［コーナー］コマンドの使い方　01 コーナー処理を行う → 048 ページ

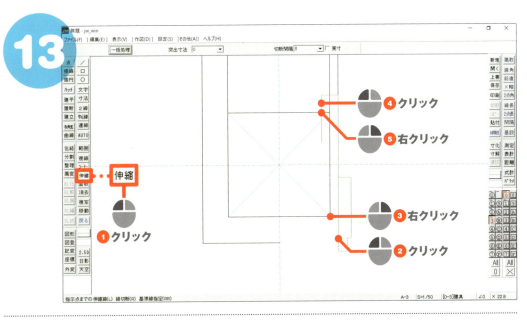

1 ［伸縮］コマンドをクリックします。
2 図の建具枠の線分をクリックします。
3 柱記号の右下を右クリックすると、その位置まで建具枠の端部が伸縮します。
4 5 同様に建具枠上部分も伸縮して、柱記号にそろえます。

仕上げ線を建具枠まで延長します。

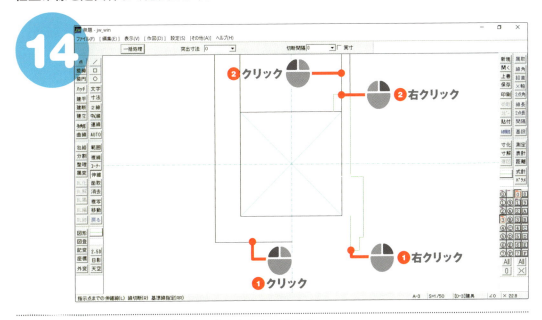

1 仕上げ線をクリックして、建具枠の図の角を右クリックします。
2 図の壁線をクリックして、建具枠の交点を右クリックします。

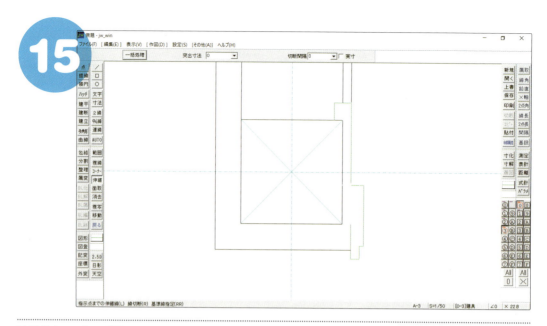

建具枠までの処理が終わりました。

これで左側の建具枠が完成しました。
開口部の左右の柱記号の距離は1820mmなので、左の柱記号の中心を通る通り芯の複線を、右方向910mmの位置に伸縮させて中心線を作図します。
このとき、作図画面は手順⑯のように表示しておくと、作業がしやすくなります。

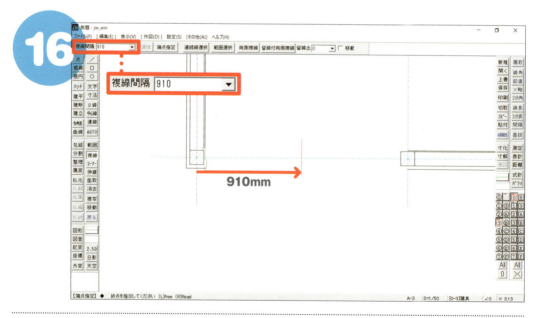

手順⑥の方法で、左の柱記号の中心を通る垂直な通り芯の複線を右910mmの図の位置に、伸縮させて作図します。伸縮個所はだいたいの位置でかまいません。

これで、窓開口の中心線が作図できました。

建具枠（窓枠）を反転複写しますが、複写の際に誤ってほかの図形を選択してしまわないように、[1レイヤ]（「躯体」レイヤ）と[2レイヤ]（「仕上」レイヤ）を表示のみレイヤにしておきます。

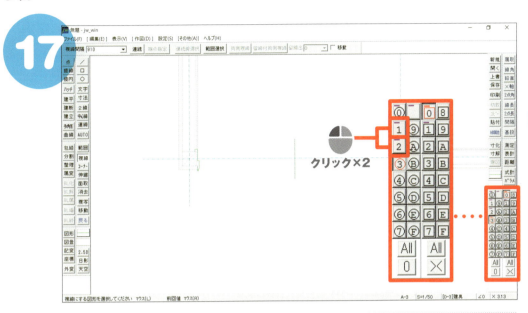

[レイヤ]ツールバーの[1]と[2]をそれぞれ2回クリックして、[1レイヤ]（「躯体」レイヤ）、[2レイヤ]（「仕上」レイヤ）を表示のみレイヤにします。[1レイヤ]（「躯体」レイヤ）と[2レイヤ]（「仕上」レイヤ）に作図された、柱記号と、壁線、仕上げ線がグレー表示になり、選択や編集ができなくなります。

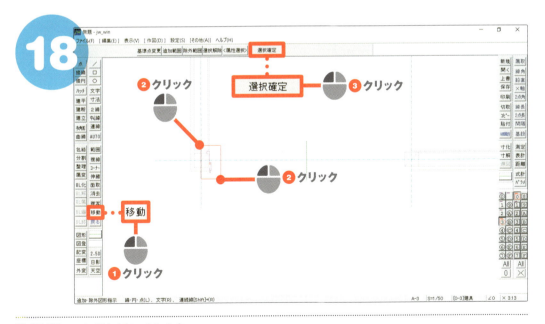

❶ [移動]コマンドをクリックします。
❷ 図の2カ所をクリックして建具枠を範囲選択します。
❸ コントロールバーの[選択確定]ボタンをクリックします。

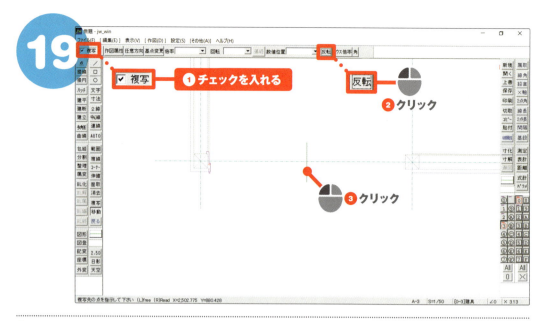

❶ コントロールバーの[複写]にチェックを入れます。
❷ [反転]ボタンをクリックします。
❸ 反転複写の基準として、窓開口の中心線をクリックします。

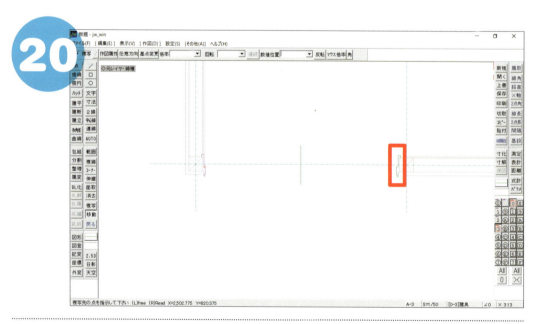

建具枠が、反対側に反転複写されました。

これで窓の両側の建具枠（窓枠）が完成しました。

引き違い窓を作図する

建具枠(窓枠)の間に引き違い窓を[線種1]で作図していきます。

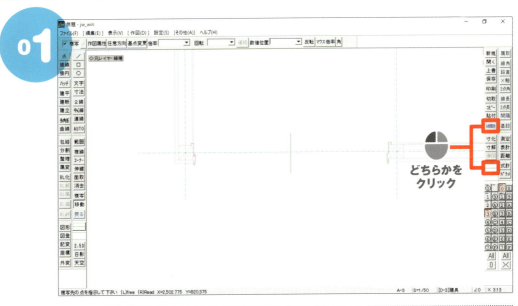

[線属性]ボタンをクリックします。

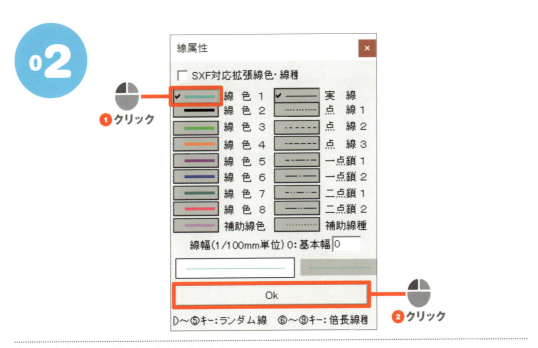

[線属性]ダイアログボックスが表示されます。
❶ [線色1]ボタンをクリックします。
❷ [OK]ボタンをクリックし、[線属性]ダイアログボックスを閉じます。

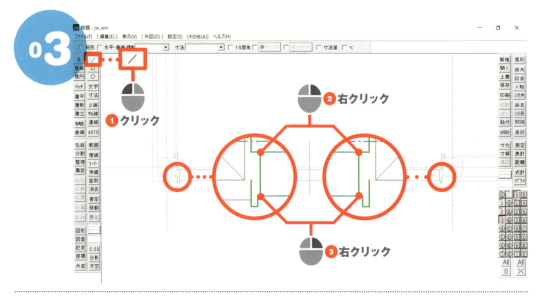

❶ [／](線)コマンドをクリックします。
❷❸ 建具枠の図の位置を順に右クリックして窓の線を描きます。

[／](線)コマンドの使い方　⓵ 基本的な線分の描き方とコントロールバー → 034 ページ

続けて、窓桟を作図していきます。窓の桟の見付けは40mmとします。

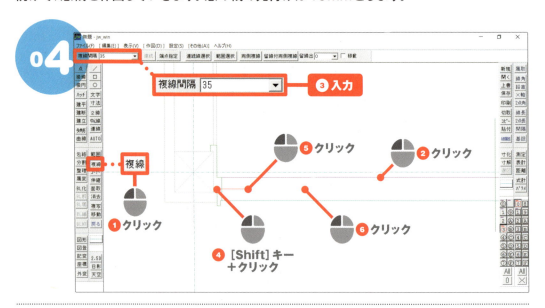

❶ [複線]コマンドをクリックします。
❷ 図の線分をクリックします。
❸ コントロールバーの[複線間隔]に「35」と入力します。
❹ 複線の始点として図のあたりを[Shift]キーを押しながらクリックします。
❺ 終点をクリックで指定します。
❻ 始点と終点の間に相当する位置に複線が赤で仮表示されます。この状態でクリックすると、仮表示の位置に複線が作図されます。始点と終点の位置は、だいたいの位置でかまいません。

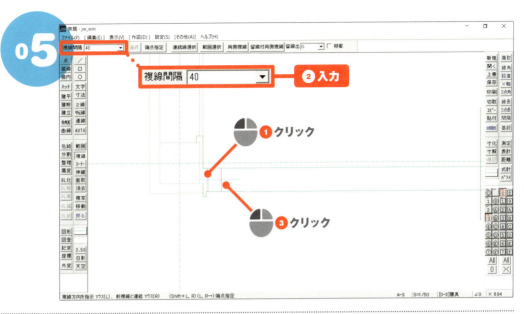

① 建具枠の図の線分をクリックして選択します。
② コントロールバーの[複線間隔]に「40」と入力します。
③ 選択した線分の右方にマウスポインタを置くと、右40mmの位置に新たな複線が赤で仮表示されます。この状態でクリックすると、仮表示の位置に複線が作図されます。

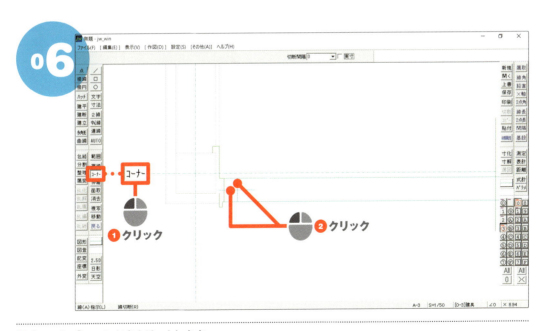

① [コーナー] コマンドをクリックします。
② 手順04と05で作図した線分を順にクリックして、コーナー処理します。

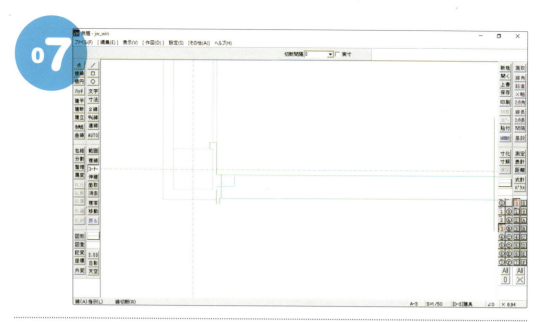

図のようにコーナー処理されました。

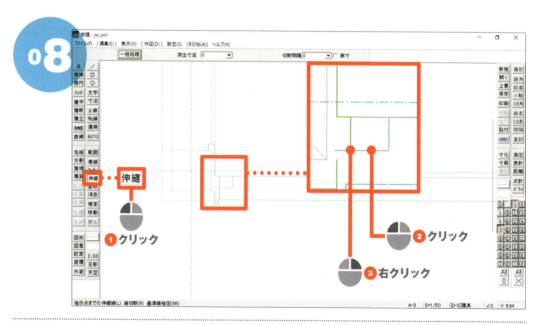

❶ [伸縮] コマンドをクリックします。
❷ 図の線分をクリックして選択します。
❸ 図の交点を右クリックして伸縮します。

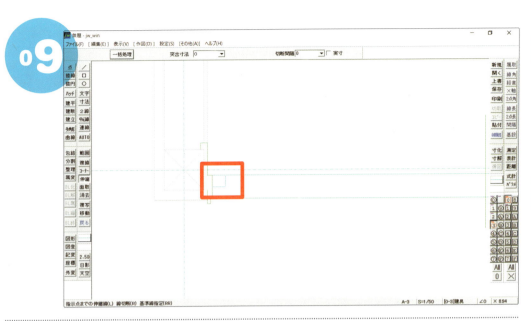

図のように伸縮されました。

これで左側の窓桟が完成しました。次に、中央の窓桟を作図します。

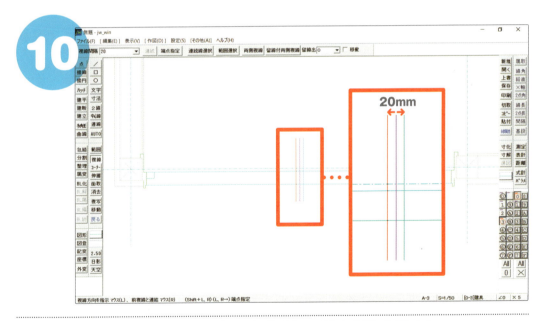

手順05の方法で、建具の中心線の複線を左右にそれぞれ20mm離れた位置に作図します。

[複線]コマンドの使い方　01 複線作図の基本とコントロールバー → 050 ページ

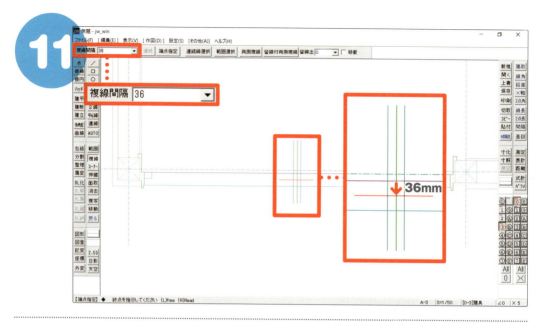

手順04の方法で、上の窓の線の複線を下36mmの位置に伸縮させて作図します。

[複線]コマンドの使い方　02 伸縮させて複線を描く → 051 ページ

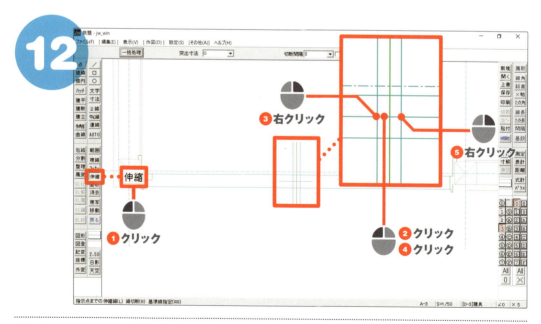

❶ [伸縮] コマンドをクリックします。
❷ 左側にはみ出した線分をクリックします。
❸ はみ出した線分と手順⑩で作図した線分の交点を右クリックして伸縮します。
❹❺ 右側にはみ出した線分も同様に伸縮します。

180

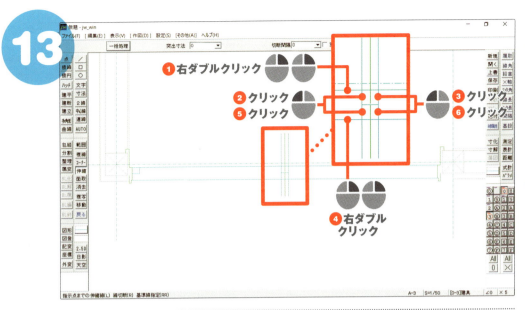

❶ 図の窓の線を右ダブルクリックして伸縮基準線とします。
❷❸ はみ出している線分をクリックします。
❹❺❻ 同様の手順で、下側のはみ出している線も伸縮させます。

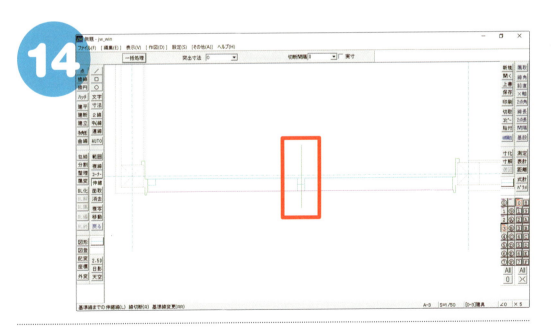

図のように処理されました。

これで中央の窓桟が完成しました。

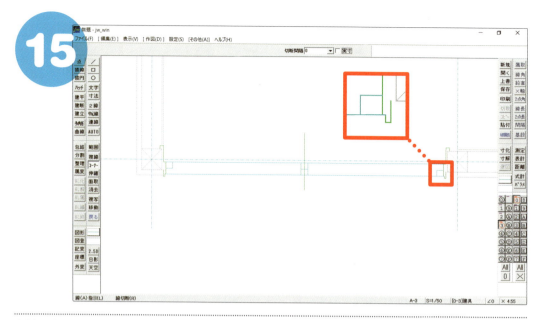

右側の引き戸の枠も手順 04 〜 07 と同様の操作で作図します。

これで窓桟が完成しました。最後に引違い窓のガラスの線を作図していきます。

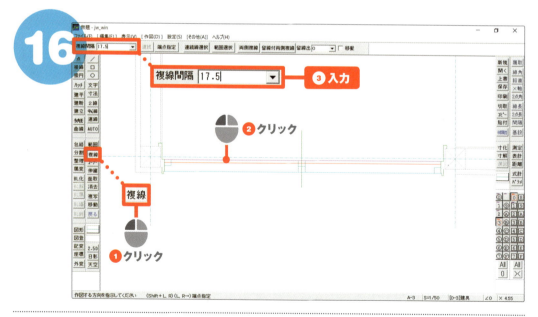

❶ [複線] コマンドをクリックします。
❷ 図の上枠の線分をクリックします。
❸ コントロールバーの [複線間隔] に「17.5」と入力します。

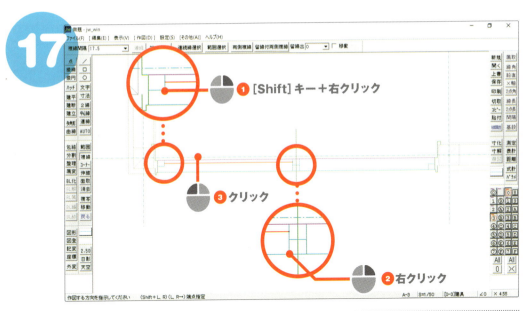

❶ 複線の始点として図の窓桟の角を[Shift]キーを押しながら右クリックします。
❷ 複線の終点として図の窓桟の角を右クリックします。
❸ 始点と終点の間の相当する位置に複線が赤で仮表示されます。この状態でクリックすると、仮表示の位置に複線が作図されます。

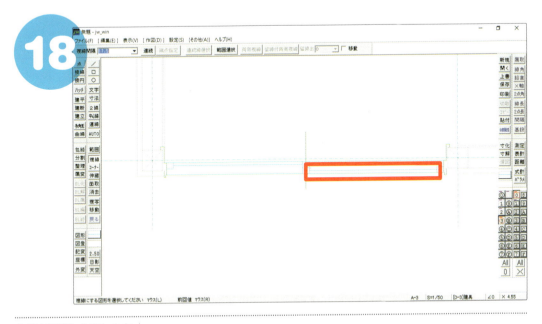

右側も同様に作図します。

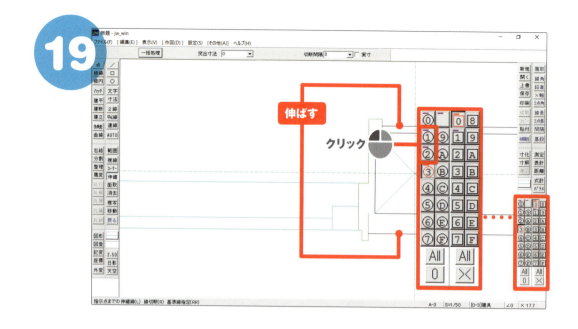

［レイヤ］ツールバーの［1］［2］をクリックして編集可能レイヤにし、［伸縮］コマンドを使って右の柱廻りの壁線、仕上げ線を建具枠まで伸ばします。

これで引違い窓が作図されました。

必要な個所の壁を消去して、ここで作図した窓を複写していきます。

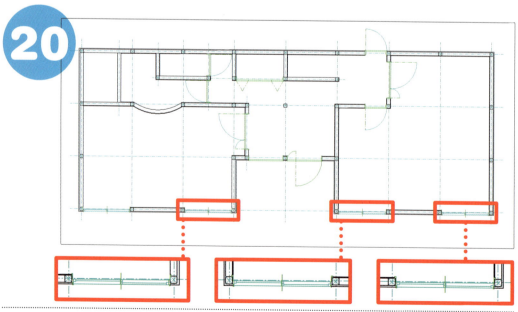

窓の複写はStep6の148〜149ページ（「扉を複写して配置する」）で紹介した方法を使います。取り合い部分は、［伸縮］コマンドで調整しましょう。

裏側の窓も同じ建具枠を使って作図します。

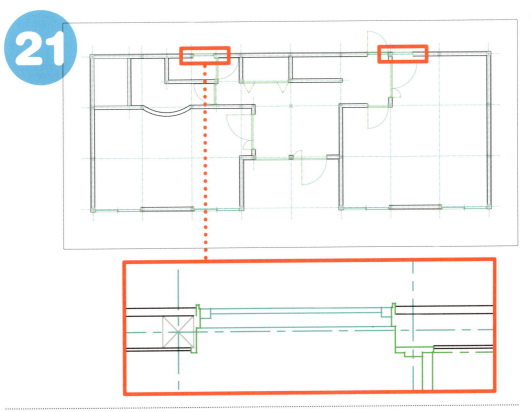

裏側の窓も、同じ建具枠を使って作図します。

Hint

窓を複写する際は、[レイヤ]ツールバーの[1][2]を2回クリックして、表示のみレイヤにしましょう。

Step 8 図形を配置する

→ ［／］［伸縮］［消去］［移動］［コーナー］
　［複線］［図形］コマンド

便器、キッチン、ユニットバスなどの建築部品は、Jw_cadに登録されている図形データを配置して作図するとスムーズです。各メーカーのWebサイトなどでも、製品の図形データが公開されています。

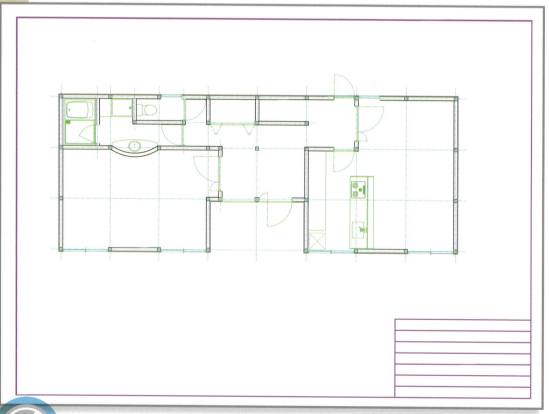

Sample Data「Sample2-08」(.jww)

Step8の完成図面データ「Sample2-08.jww」は、付録CD-ROMの「SampleData」フォルダに収録されています。

図形を配置する

図形は、［0レイヤグループ］（「一般図」レイヤグループ）の［7レイヤ］（「図形」レイヤ）に配置していきます。

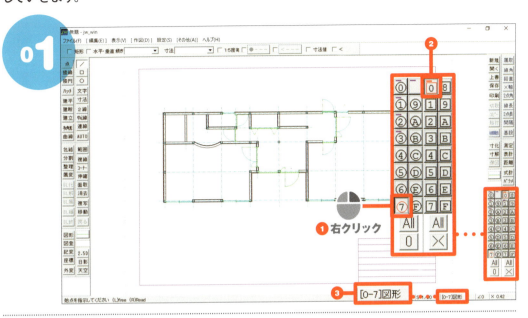

❶ ［レイヤ］ツールバーの［7］を右クリックします。
❷ ［レイヤグループ］ツールバーは［0］が描き込みレイヤとなっていることを確認してください。
❸ ステータスバーの右に［[0-7]図形］と表示されているのが確認できます。

Hint

［1レイヤ］と［2レイヤ］が表示のみレイヤになっている場合は、［レイヤ］ツールバーの［1］［2］をクリックして編集可能レイヤにしておきます。

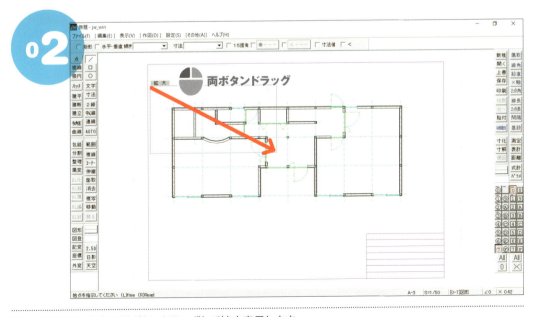

図の位置を右下方向に両ボタンドラッグして拡大表示します。

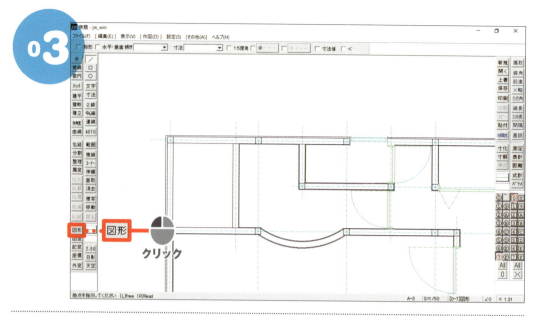

［図形］コマンドをクリックします。

［図形］コマンドの使い方 ⓵ 図形の配置 → 054 ページ

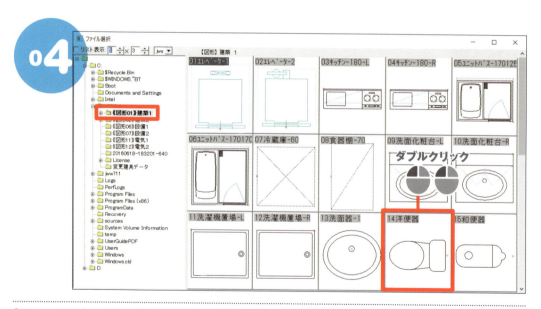

［ファイル選択］ダイアログボックスが表示されます。
Jw_cadの初期状態では［JWW］フォルダの［≪図形01≫建築1］が自動的に表示されます。［14洋便器］をダブルクリックします。

Hint

左のフォルダツリーで［≪図形02≫建築2］や［≪図形06≫設備1］などを選択することで、ほかにもいろいろな図形を選択できます。

05

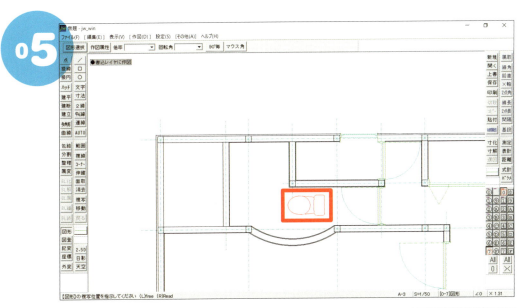

[ファイル選択]ダイアログボックスが閉じ、マウスポインタに追随して、ダブルクリックした洋便器が仮表示されます。

作図画面上のクリックした位置に洋便器は配置されますが、配置する前に洋便器の方向を180度回転させる必要があります。
また、読み込んだ環境設定ファイル「11command.jwf」で設定されている、[0レイヤグループ] [7レイヤ]の線色・線種で作図する必要があるので、それらの設定を行います。

06

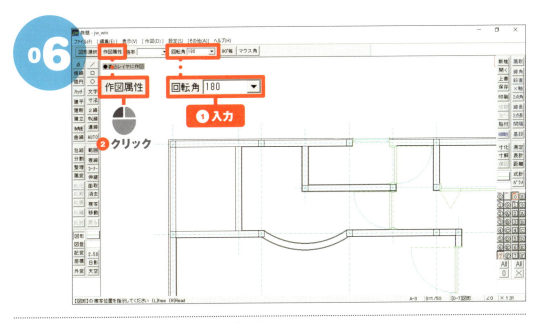

❶ コントロールバーの[回転角]に「180」と入力します。
❷ コントロールバーの[作図属性]ボタンをクリックします。

［作図属性設定］ダイアログボックスが表示されます。
❶ ［●書込み【線色】で作図］にチェックを入れます。
❷ ［OK］ボタンをクリックします。

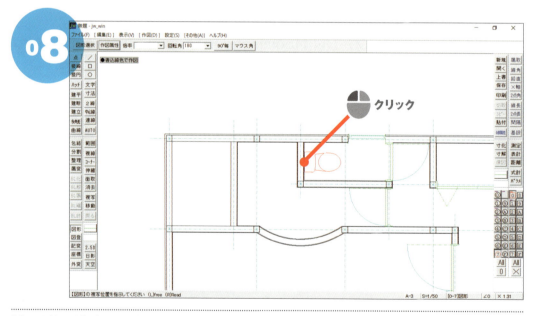

［作図属性設定］ダイアログボックスが閉じます。
洋便器の仮表示が180度回転しているので、図の位置（仕上げ線の中央付近）をクリックして、洋便器の位置を確定します。
配置位置はだいたいの位置でかまいません。

Hint

洋便器は、「11command.jwf」で設定されている、［0レイヤグループ］、［7レイヤ］の線色・線種で作図されます。

同様に、ユニットバスを90度回転させて配置します。

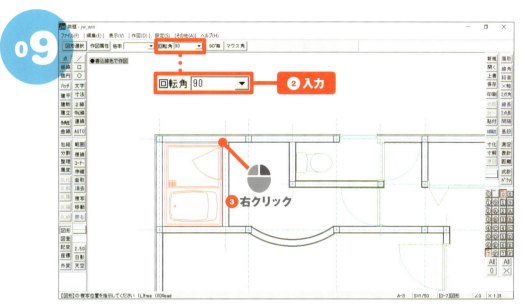

❶ 手順 03〜04 と同様の方法で［≪図形01≫建築1］にある、図形［05ユニットバスー170125］をダブルクリックで選択します。
❷ コントロールバーの［回転角］に「90」と入力します。
❸ 図の位置を右クリックします。

ユニットバスを配置しましたが、入り口が下側にあるほうが使いやすいので、ユニットバスを天地方向に反転させることにします。
まずは、反転の基準となる補助線をユニットバスの中心に作図します。

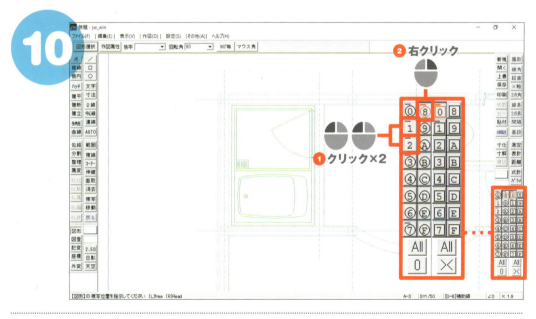

❶ ［レイヤ］ツールバーの［1］と［2］をそれぞれ2回クリックして、「1レイヤ」(「躯体」レイヤ)、「2レイヤ」(「仕上レイヤ」) を表示のみレイヤにします。
❷ さらに、［レイヤ］ツールバーの［8］を右クリックして［8レイヤ］(「補助線」レイヤ) を描き込みレイヤにします。

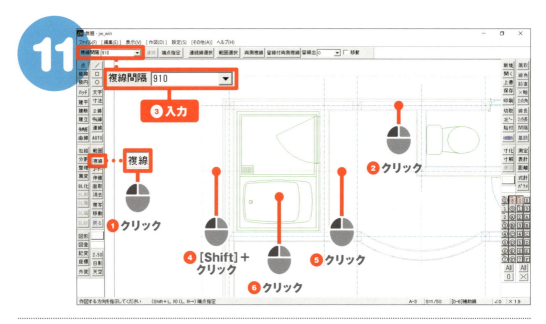

❶ [複線] コマンドをクリックします。
❷ 図の通り芯をクリックして選択します。
❸ コントロールバーの [複線間隔] に「910」と入力します。
❹ 複線の始点として図のあたりを [Shift] キーを押しながらクリックします。
❺ 終点をクリックで指定します。
❻ 選択した通り芯の下方の、始点と終点の間に相当する位置に複線が赤で仮表示されます。この状態でクリックすると、仮表示の位置に複線が作図されます。
始点と終点の位置は、だいたいの位置でかまいません。

[複線]コマンドの使い方　⓬ 伸縮させて複線を描く → 051 ページ

これで反転の基準となる補助線が作図できました。

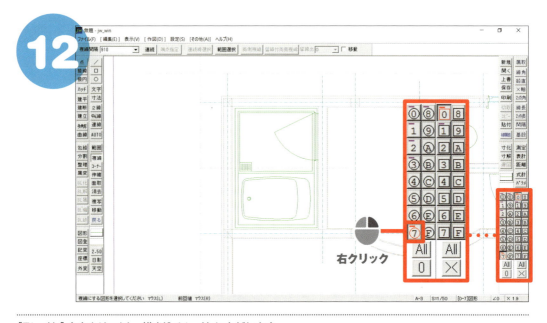

[7レイヤ] を右クリックし、描き込みレイヤにもどします。

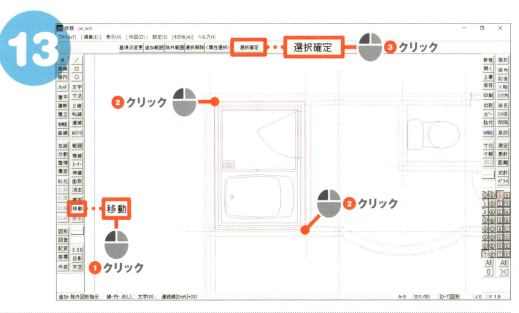

❶ [移動] コマンドをクリックします。
❷ 図の2カ所をクリックしてユニットバスの図形を範囲選択します。
❸ コントロールバーの [選択確定] ボタンをクリックします。

[移動]・[複写]コマンドの使い方　⓪ 移動の方法とコントロールバー → 044 ページ

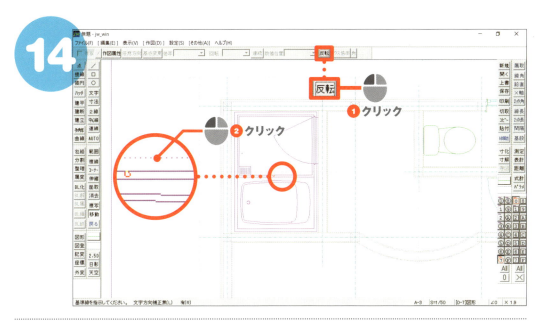

❶ コントロールバーの [反転] ボタンをクリックします。
❷ 手順⓫で作図した補助線をクリックします。

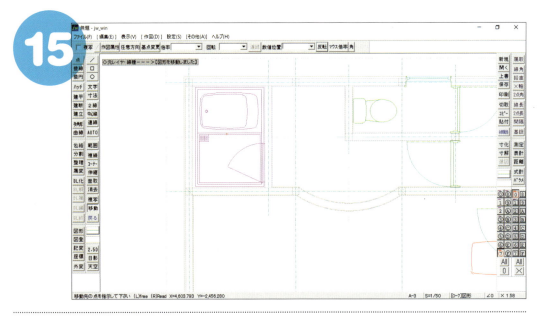

図のようにユニットバスが反転します。

基準線を作図して図形を配置する

洗面器を配置するために、補助線で基準線を作図します。

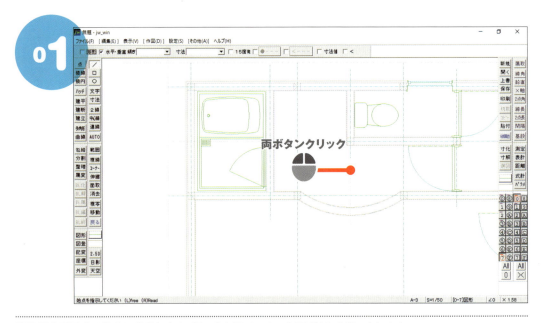

洗面器を配置する部分に移動します。図のあたりでマウスを両ボタンクリックします。

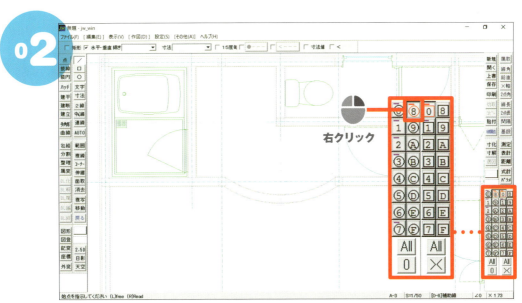

[レイヤ]ツールバーの[8レイヤ]を右クリックして描き込みレイヤにします。

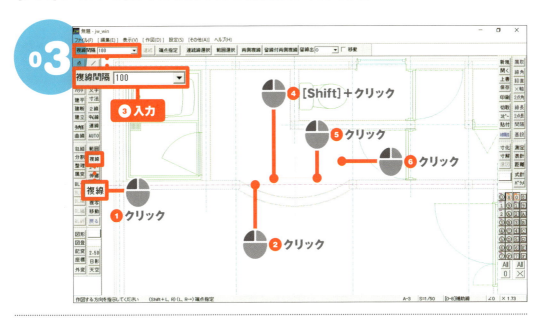

❶ [複線]コマンドをクリックします。
❷ 図の通り芯をクリックして選択します。
❸ コントロールバーの[複線間隔]に「100」と入力します。
❹ 複線の始点として図のあたりを[Shift]キーを押しながらクリックします。
❺ 終点をクリックで指定します。
❻ 選択した通り芯の上方の、始点と終点の間に相当する位置に複線が赤で仮表示されます。この状態でクリックすると、仮表示の位置に複線が作図されます。
始点と終点の位置は、だいたいの位置でかまいません。

Hint

垂直の補助線は、Step4「柱を描く」の「円弧壁を作図する」(109ページ)で作図した補助線を使います。

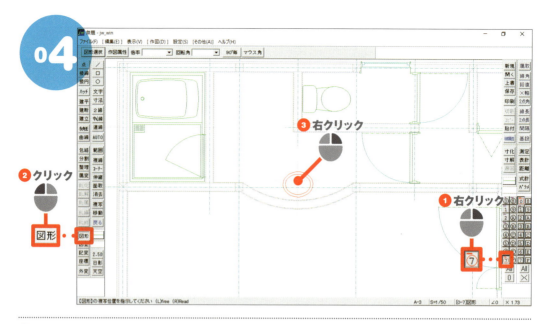

❶ [レイヤ]ツールバーの[7]を右クリックして描き込みレイヤにします。
❷ 188ページの手順03〜04と同様の方法で[≪図形01≫建築1]にある、図形[13洗面器－1]をダブルクリックで選択します。
❸ マウスポインタに追随して洗面器が仮表示されるので、前ページ手順03で作図した補助線の交点を右クリックして配置します。

次に対面キッチンを配置しますが、ここでもまず基準となる補助線を作図します。

❶ [レイヤ]ツールバーの[8レイヤ]を右クリックして描き込みレイヤにします。
❷ 手順03と同様の方法で、図の通り芯の複線を上850mmの位置に伸縮させて作図します。始点と終点の位置は、だいたいの位置でかまいません。

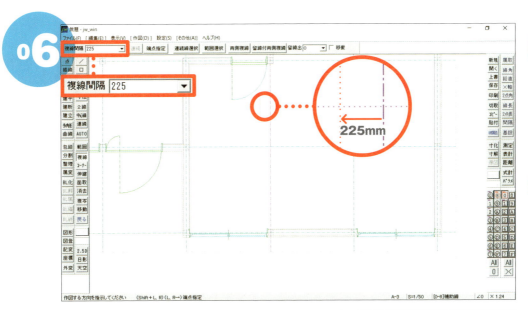

同様に、図の通り芯の複線を左225mmの位置に伸縮させて作図します。
始点と終点の位置は、だいたいの位置で構いません。

[複線]コマンドの使い方　02 伸縮させて複線を描く → 051 ページ

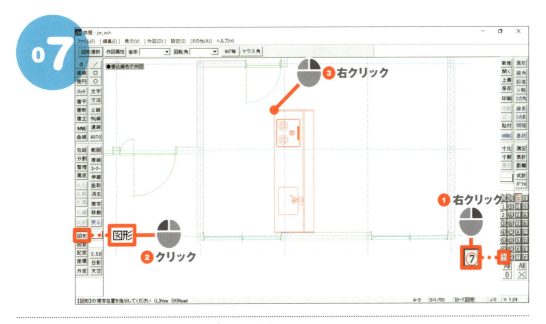

❶ [7レイヤ]を右クリックして描き込みレイヤにします。
❷ 188ページの手順03〜04と同様の方法で[《図形01》建築1]にある、図形[17対面キッチン]をダブルクリックで選択します。
❸ マウスポインタに追随して対面キッチンが仮表示されるので、手順05と06で作図した補助線の交点を右クリックして配置します。

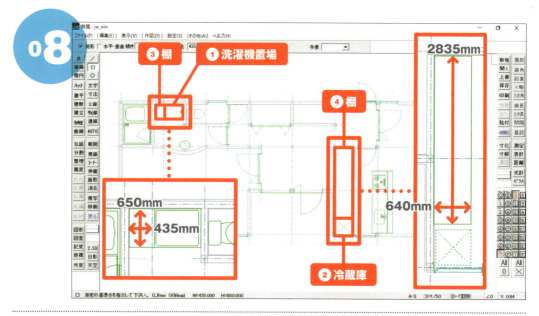

同様に、図の位置にそれぞれ図形を配置します。
❶ [≪図形01≫建築1 − [12洗濯機置場−R]、❷ [≪図形01≫建築1] − [07冷蔵庫-60]
また、以下の棚を図のように作図します。
❸ D435×W650mmの棚、❹ D640×W2835mmの食器棚

ユニットバスの扉の前の仕上げ線を消去し、枠を追加します。

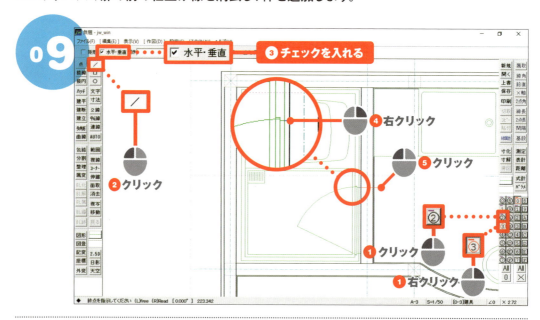

❶ [2レイヤ] をクリックして編集可能レイヤにし、[3レイヤ]（「建具」レイヤ）を右クリックして描き込みレイヤにします。
❷ [／]（線）コマンドをクリックし、❸ コントロールバーの [水平・垂直] にチェックを入れます。
❹ 図の扉と壁の交点を右クリックします。
❺ マウスを右方向に移動し、適当な位置でクリックして線分を作図します。

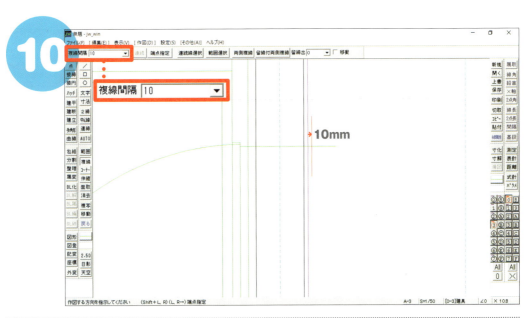

手順03と同様の方法で、図の仕上げ線の複線を右10mmの位置に伸縮させて作図します。
始点と終点の位置は、だいたいの位置でかまいません。

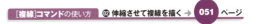

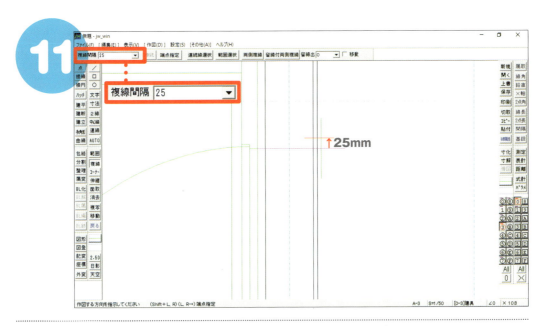

同様に、手順09で作図した線の複線を上25mmの位置に伸縮させて作図します。
始点と終点の位置は、だいたいの位置でかまいません。

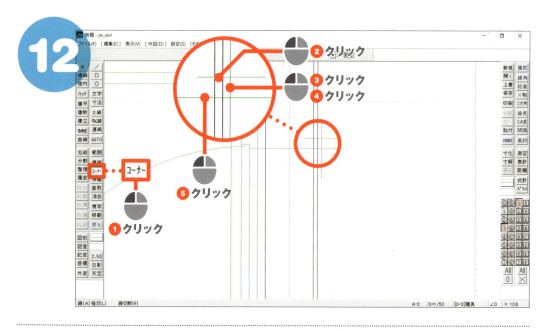

❶ ［コーナー］コマンドをクリックします。
❷ ～ ❺ 図の線分を順にクリックします。

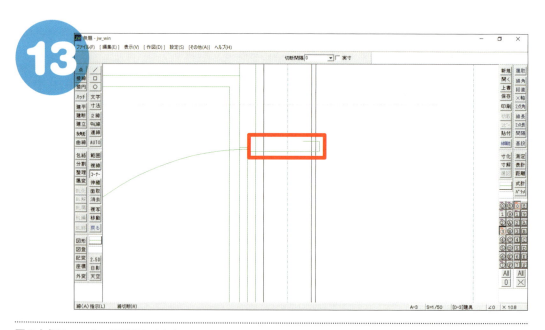

図のようにコーナー処理されました。

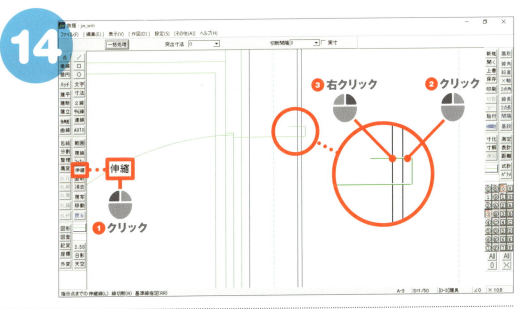

❶ [伸縮] コマンドをクリックします。
❷ 左側にはみ出した線分をクリックします。
❸ 図の交点を右クリックします。

[伸縮]コマンドの使い方 → ❶ 線分を伸縮する → 046 ページ

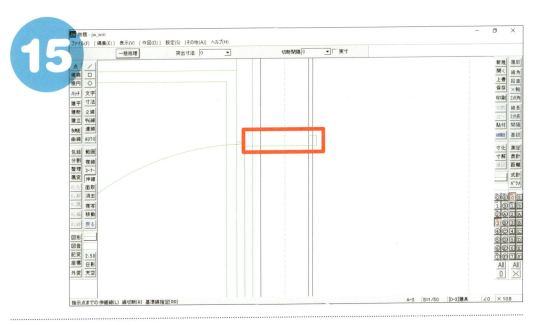

図のように伸縮されました。

これで上側の枠が完成しました。

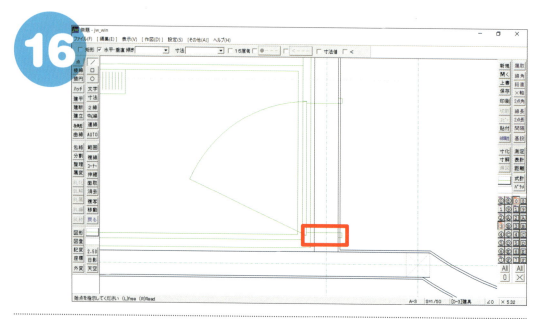

同様に、下側の枠も作図します。

最後に、不要になった壁線と仕上げ線を部分消去します。

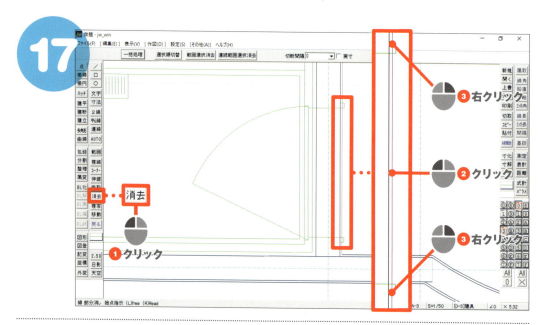

❶ ［消去］コマンドをクリックします。
❷ 図の仕上げ線をクリックして選択します。
❸ 枠と仕上げ線の交点を2か所、順に右クリックします。

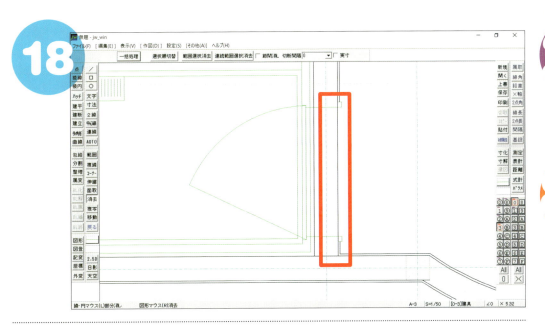

仕上げ線が部分消去されました。

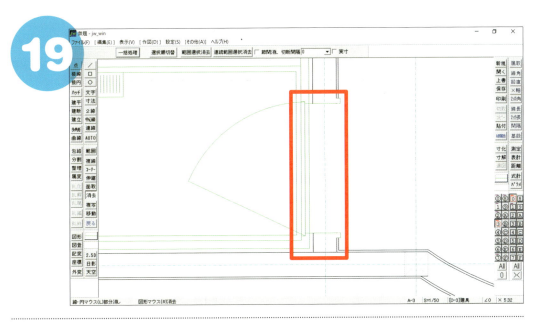

同様の操作で図の壁線も消去します。

Step 9 階段を描く

→ ［／］［伸縮］［複線］［消去］コマンド

実際の設計では施主の家族構成により、階段幅、手すり、踊り場の有無などを考慮しますが、ここでは単純化して、蹴上200mm、踏み面250mmの木製階段を作図します。
平面図では昇降方向を矢印で指示し、階段の先を切断線で省略して表現します。

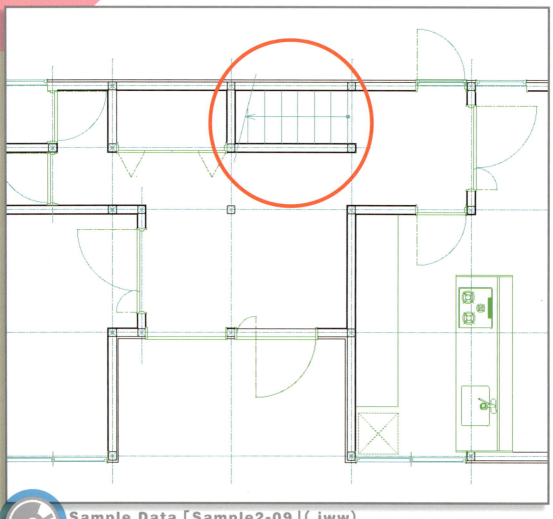

Sample Data「Sample2-09」(.jww)

Step9の完成図面データ「Sample2-09」(.jww)は、付録CD-ROMの「SampleData」フォルダに収録されています。

踏面を作図する

階段は、[0レイヤグループ]（「一般図」レイヤグループ）の[4レイヤ]（「その他」レイヤ）に作図していきます。

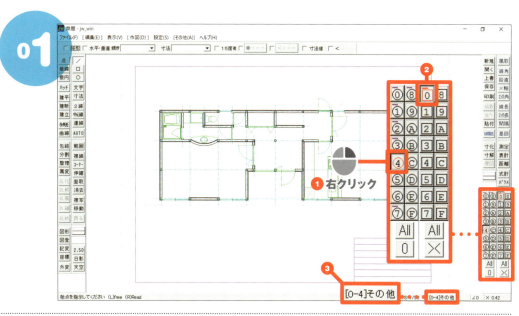

❶ [レイヤ]ツールバーの[4]を右クリックします。
❷ [レイヤグループ]ツールバーは[0]が描き込みレイヤとなっていることを確認してください。
❸ ステータスバーの右に[[0-4]その他]と表示されているのが確認できます。

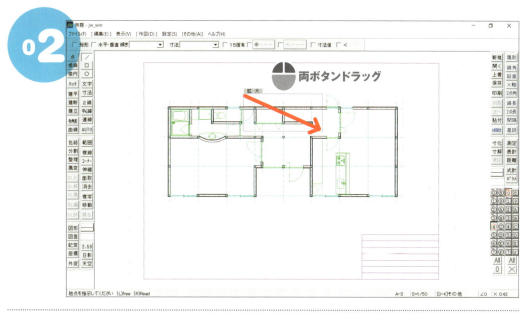

図の位置を右下方向に両ボタンドラッグして拡大表示します。

踏面の線分は、柱の枠線の複線を伸縮させて作図します。
踏面は、昇り口の柱から120mmセットバックした位置から描き始めます。

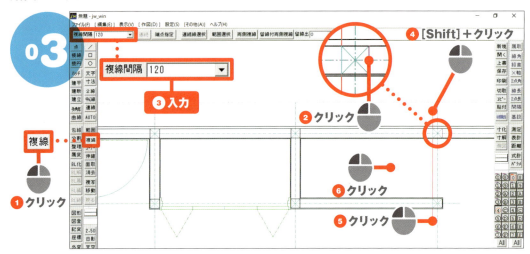

❶ [複線] コマンドをクリックします。
❷ 図の柱記号の枠線をクリックして選択します。
❸ コントロールバーの [複線間隔] に「120」と入力します。
❹ 複線の始点として図のあたりを [Shift] キーを押しながらクリックします。
❺ 終点をクリックで指定します。
❻ 選択した柱記号の左120mmの位置に複線が赤で仮表示されます。この状態でクリックすると、仮表示の位置に複線が作図されます。始点と終点の位置は、だいたいの位置でかまいません。

[複線]コマンドの使い方 → ⓿ 複線作図の基本とコントロールバー → 050 ページ

Hint

作図された複線の線色と線種は、読み込んだ環境設定ファイル「11command.jwf」で、[0レイヤグループ]、[4レイヤ] の線色・線種として設定されたものです。

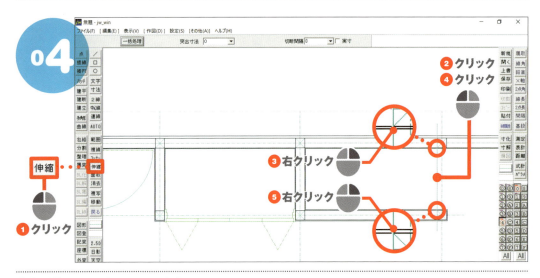

❶ [伸縮] コマンドをクリックします。
❷～❺ 図の順に右クリック、およびクリックして、複写した線分を、壁の内側に揃えます。

[伸縮]コマンドの使い方 → ⓿ 線分を伸縮する → 046 ページ

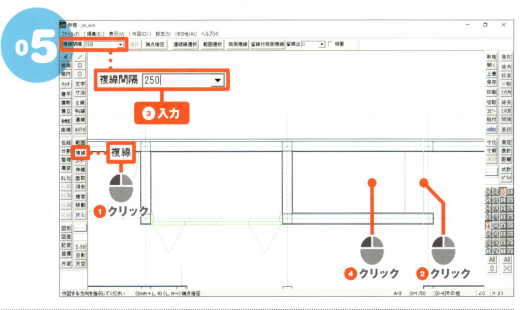

❶ [複線] コマンドをクリックします。
❷ 作図した複線をクリックで選択します。
❸ コントロールバーの [複線間隔] に「250」と入力します。
❹ 選択した複線の左方にマウスポインタを置くと、左250mmの位置に新たな複線が赤で仮表示されます。この状態でクリックすると、仮表示の位置に複線が作図されます。

これで、踏面が1段分作図されました。後は連続複写を行い、残りの踏面を作図します。

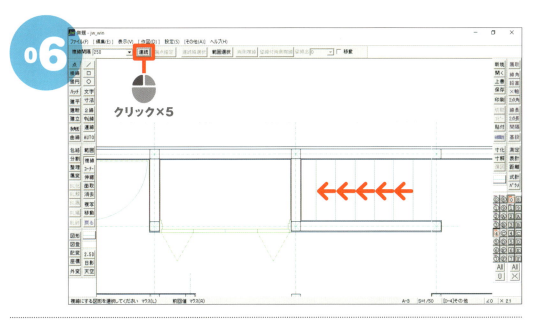

コントロールバーの [連続] ボタンを5回クリックします。
同じ距離で複線が5回連続で作図されます。

切断記号と昇降記号を作図する

［／］(線) コマンドで、75度に傾斜した切断記号を作図します。

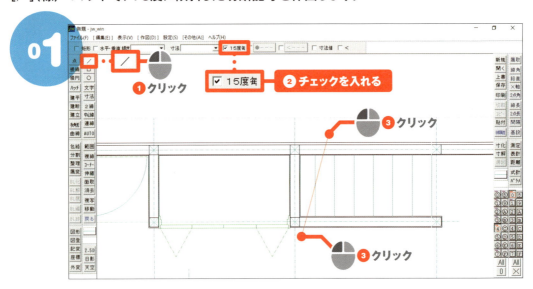

❶ ［／］(線) コマンドをクリックします。
❷ コントロールバーの［15度毎］にチェックを入れます。
❸ 図の2点をクリックして75度に傾斜した切断記号を作図します。

［／］(線)**コマンドの使い方** ❽ 傾き、長さを指定して線分を描く → **035** ページ

次に、昇降記号を作図します。

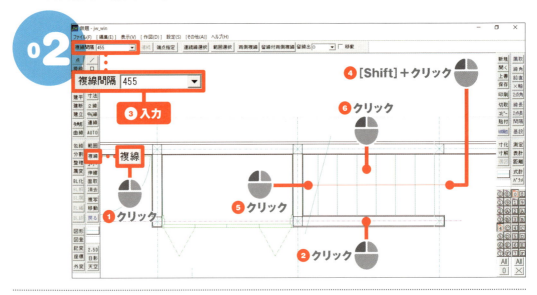

❶ ［複線］コマンドをクリックします。
❷ 図の通り芯をクリックして選択します。
❸ コントロールバーの［複線間隔］に「455」と入力します。
❹ 複線の始点として図のあたりを［Shift］キー＋クリックします。
❺ 終点をクリックで指定します。
❻ 選択した通り芯の上方455mmの始点と終点の間に相当する位置に複線が赤で仮表示されます。この状態でクリックすると、仮表示の位置に複線が作図されます。始点と終点の位置は、だいたいの位置でかまいません。

複線として作図した中心線をガイドにして［／］（線）コマンドで●と矢印のついた、昇降記号を作図します。

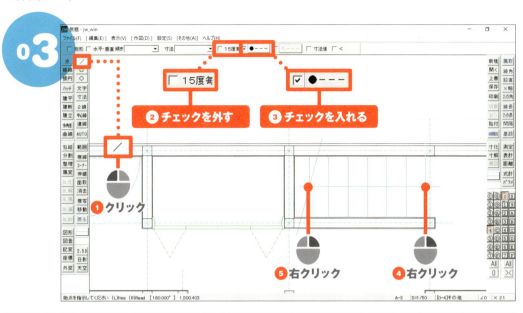

❶［／］（線）コマンドをクリックします。
❷ コントロールバーの［15度毎］のチェックを外します。
❸ コントロールバーの［●ーーー］にチェックを入れます。
❹❺ 図の2点を右クリックして●のついた線を作図します。

［／］（線）**コマンドの使い方** ⓪❶ 基本的な線分の描き方とコントロールバー → **034** ページ

不要となったガイドを消去します。

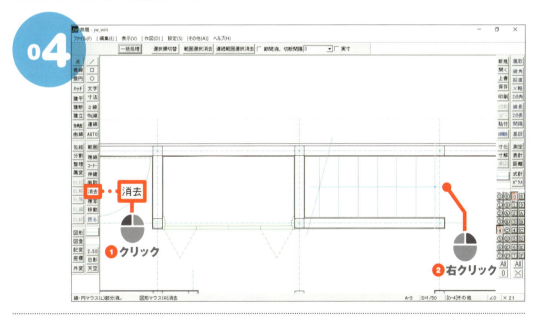

❶［消去］コマンドをクリックします。
❷ ガイド線を右クリックして消去します。

［消去］**コマンドの使い方** ⓪❶ 図形と文字の消去 → **042** ページ

●のついた線に矢印をつければ、昇降記号の完成です。

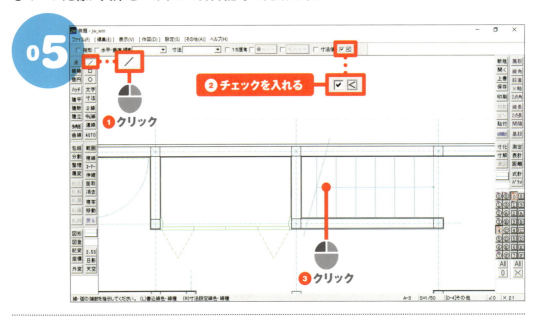

❶ ［／］（線）コマンドをクリックします。
❷ コントロールバーの［＜］にチェックを入れます。
❸ ●印のついた線分の、矢印をつけたい端点の近くをクリックします。

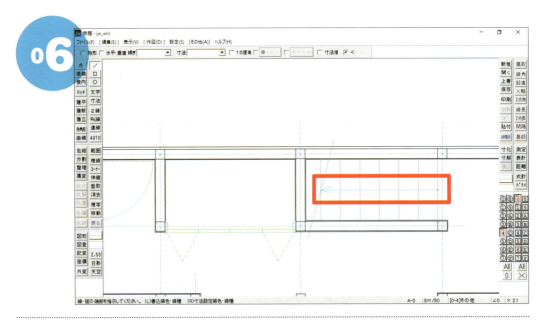

クリックした点に近い端点に矢印がつきます。

最後に、[伸縮] コマンドで、踏面を切断記号にそろえれば、階段の完成です。

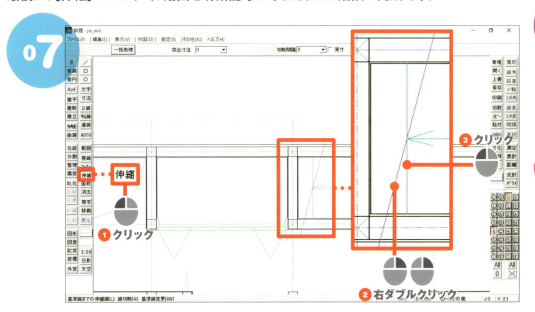

① [伸縮] コマンドをクリックします。
② 切断記号を右ダブルクリックして伸縮基準線にします。
③ 図の位置で踏面をクリックします。

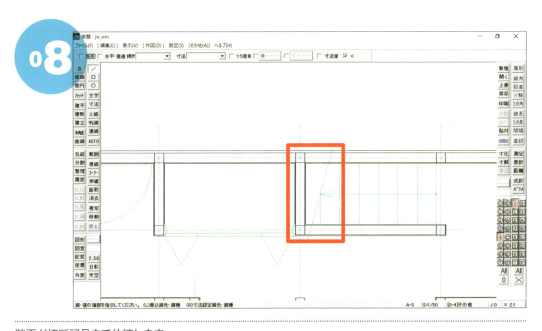

踏面が切断記号まで伸縮します。

Step 10 敷地を描く

→ [／][○][伸縮][複線][移動]
　[消去] コマンド

通常の図面作図の手順では、敷地図は図面枠の次に描くべきものです。しかし、本作例ではレイヤの表示／非表示の方法を覚えるため、あえてこの段階で作図しています。実際に、業務で図面を作図する場合は、まず最初に敷地図を作図するようにしてください。

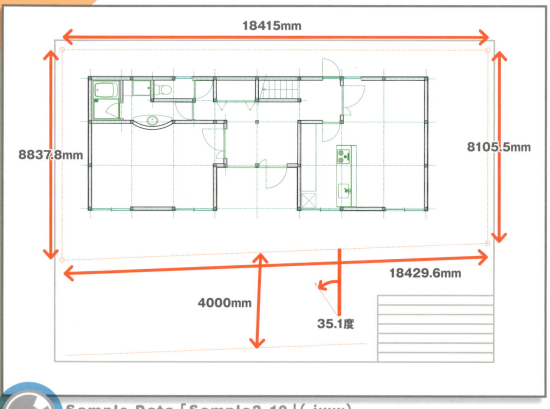

Sample Data「Sample2-10」(.jww)
Step10の完成図面データ「Sample2-10」(.jww)は、付録CD-ROMの「SampleData」フォルダに収録されています。

三斜に従って敷地境界線を作図する

敷地は、[0レイヤグループ]（「一般図」レイヤグループ）の [9レイヤ]（「敷地」レイヤ）に作図していきます。

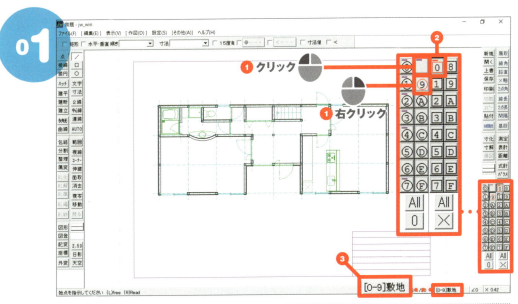

❶ [レイヤ] ツールバーの [8] をクリックして非表示にし、[9] を右クリックします。
❷ [レイヤグループ] ツールバーは [0] が描き込みレイヤとなっていることを確認してください。
❸ ステータスバーの右に [[0-9]敷地] と表示されているのが確認できます。

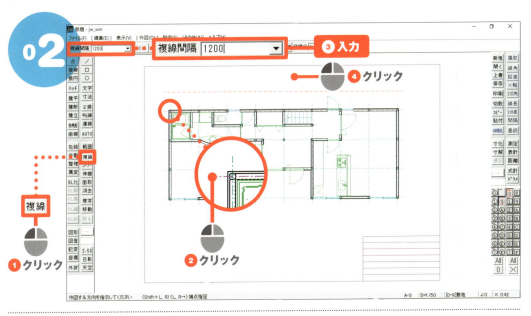

❶ [複線] コマンドをクリックします。
❷ 上の通り芯をクリックして選択します。
❸ コントロールバーの [複線間隔] に「1200」と入力します。
❹ 選択した通り芯の上方にマウスポインタを置くと、上1200mmの位置に新たな複線が赤で仮表示されます。この状態でクリックすると、仮表示の位置に複線が作図されます。

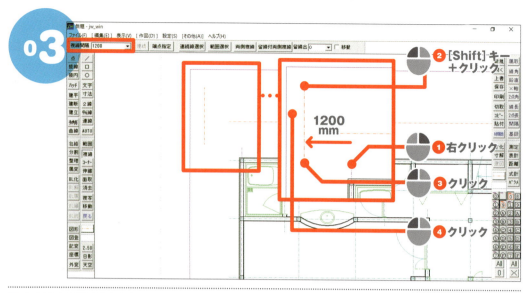

❶ 左の垂直な通り芯を右クリックで選択します。
❷ 複線の始点として図のあたりを[Shift]キーを押しながらクリックします。
❸ 終点をクリックで指定します。
❹ 選択した垂直な通り芯の左方1200mmの、❷と❹で指示した始点と終点の間に相当する位置に複線が赤で仮表示されます。この状態でクリックすると、仮表示の位置に複線が作図されます。
始点と終点の位置は、だいたいの位置でかまいません。

[複線]コマンドの使い方　⓪1 伸縮させて複線を描く → 051 ページ

Hint

[複線]コマンド実行時に、基になる線を右クリックで選択すると、自動的に、前回[複線間隔]に入力した数値が入力されます。ここでは、手順02で入力した数値「1200」が反映されています。

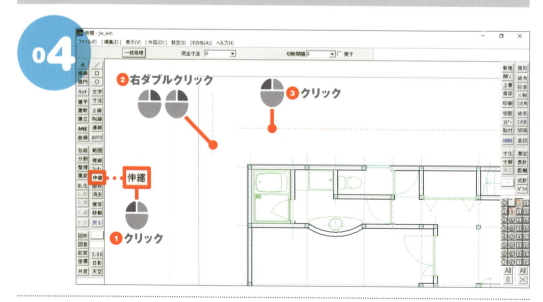

❶ [伸縮]コマンドをクリックします。
❷ 手順03で作図した垂直な通り芯の複線を右ダブルクリックして伸縮基準線とします。
❸ 手順02で作図した水平な通り芯の複線をクリックして伸縮します。

[伸縮]コマンドの使い方　03 基準線まで線分を伸縮 → 047 ページ

敷地に関係ない垂直な補助線を消去します。

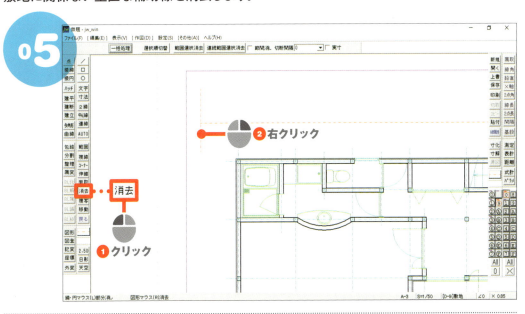

❶ ［消去］コマンドをクリックします。
❷ 手順03で作図した垂直な通り芯の複線をを右クリックして消去します。

［消去］コマンドの使い方　⓫ 図形と文字の消去 → 042 ページ

敷地を作図する際に、建物の図面が邪魔になるので、敷地を作図している［9レイヤ］（「敷地」レイヤ）以外のレイヤを非表示にします。

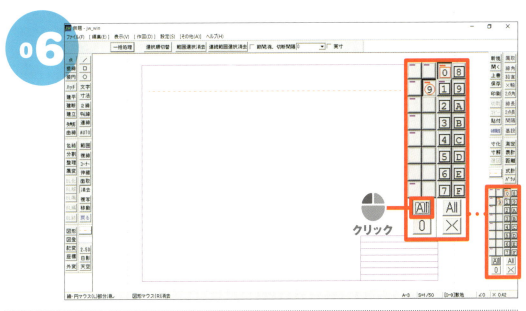

［レイヤ］ツールバーの［All］ボタンをクリックします。描き込みレイヤ以外のすべてのレイヤが非表示になります。図面枠は表示されたままです。

[○](円) コマンドであたりをつけ、三斜にのっとり敷地図を作図していきます。

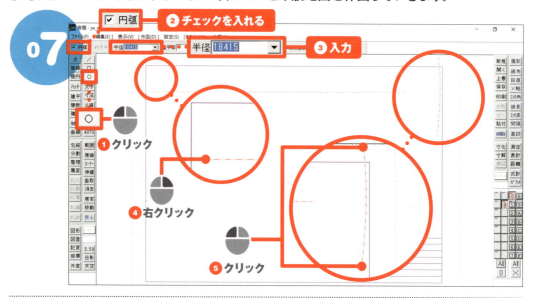

❶ [○](円) コマンドをクリックします。
❷ コントロールバーの[円弧]にチェックを入れます。
❸ コントロールバーの[半径]に横の敷地境界線の長さ「18415」を入力します。
❹ 水平線の左端を右クリックして、円弧の中心とします。
❺ 水平線の延長した先と交わるあたりをクリックして、円弧を作図します。

[○](円)コマンドの使い方　02 円弧を描く → 037 ページ

作図した円弧まで水平線を伸縮して、横の敷地境界線を作図します。

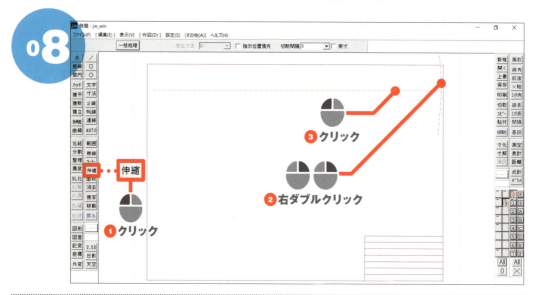

❶ [伸縮] コマンドをクリックします。
❷ 円弧を右ダブルクリックして伸縮の基準として選択します。
❸ 水平線をクリックします。
❹ 水平線が円弧まで延長し、横の敷地境界線が作図できたので、あたりとして作図した円弧は手順05の方法で削除します。

[○](円) コマンドで、次の三斜の頂点のあたりをつけます。

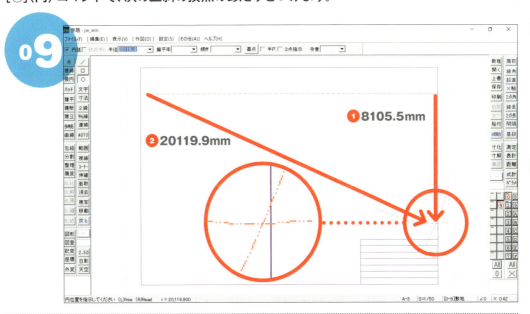

❶ 手順❼の方法で、水平線の右端から半径8105.4mmの円弧を下方向に作図します。
❷ 同様に、水平線の左端から半径20119.9mmの円弧を❶の円弧と交わるように作図します。

円弧の交点が三斜の頂点になるので、[／](線) コマンドで境界線の両端を結びます。

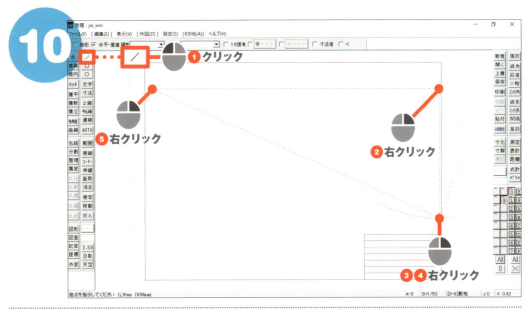

❶ [／](線) コマンドをクリックします。
❷～❺ 手順❾で作図した円弧の交点と、横の敷地境界線の端点をそれぞれ右クリックして線分で結びます。
❸ 線分が作図できたら、あたりとして作図した円弧は手順❺の方法で削除します。

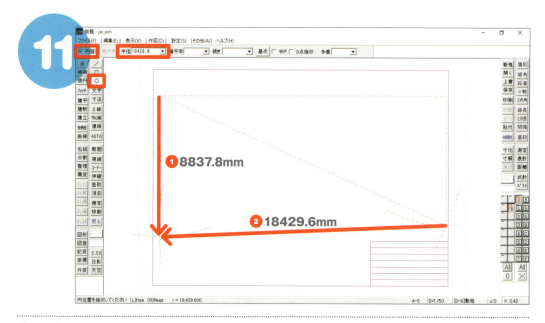

❶ 手順⓻の方法で、水平線の左端から半径8837.8mmの円弧を下方向に作図します。
❷ 同様に、手順❿で作図した三斜の頂点から半径18429.6mmの円弧を❶の円弧と交わるように作図します。

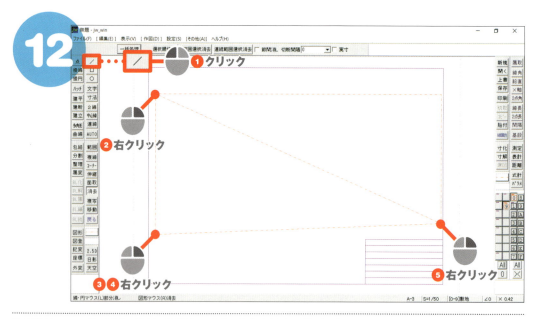

［／］（線）コマンドで、図の線分の両端と、円弧の交点を線分で結びます。
線が作図できたら、あたりとして作図した円弧と敷地内の斜線は手順❺の方法で削除します。

道路境界線を作図する

下の敷地境界線に沿って、幅4000mmの道路境界線を作図します。

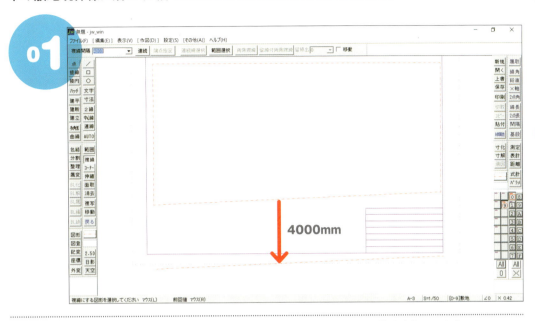

213ページ手順02の方法で下の敷地境界線の複線を下方4000mmの位置に複線を作図します。

[複線]コマンドの使い方 → 01 複線作図の基本とコントロールバー → 050 ページ

道路境界線の位置を調整します。

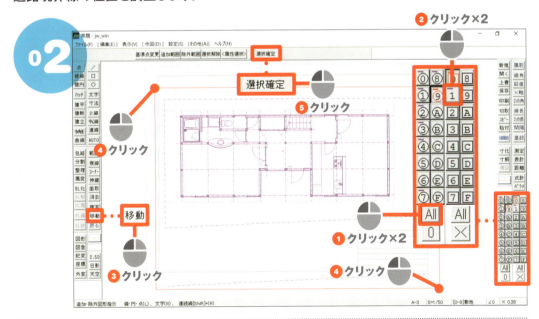

1. [レイヤ]ツールバーの[All]を2回クリックして[0レイヤグループ]の全レイヤを編集可能レイヤにします。
2. [レイヤグループ]ツールバーの[1レイヤグループ]を2回クリックして表示のみレイヤにします。
3. [移動]コマンドをクリックします。
4. 図面の左上と右下をクリックして、図面全体を囲むように範囲選択します。
5. コントロールバーの[選択確定]ボタンをクリックします。

[移動]・[複写]コマンドの使い方 → 01 移動の方法とコントロールバー → 044 ページ

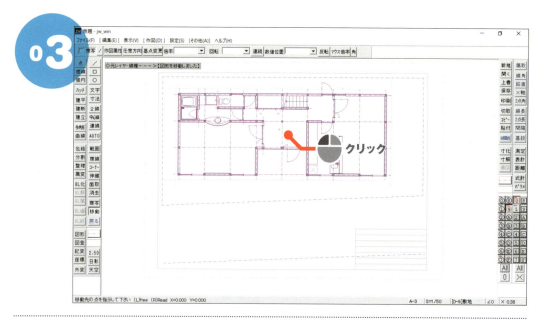

手順02 で選択した図面全体がマウスポインタに追随するので、図面枠の中に敷地すべてが納まる位置でクリックして配置します。

図面文字枠にかかっている道路境界線を伸縮します。

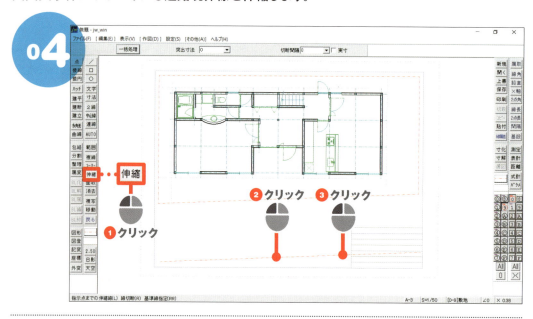

❶ [伸縮] コマンドをクリックします。
❷ 図の道路境界線をクリックします。
❸ 道路境界線の図面文字枠の外側位置をクリックします。

05

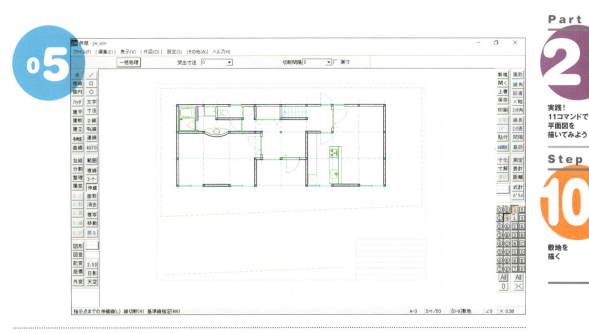

これで図面文字枠にかかっている道路境界線が縮みました。

敷地図の完成です。

方位記号を作図する

次に方位記号を実線で作図します。

01

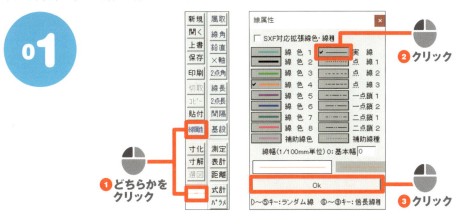

❶ [線属性] ボタンをクリックして、[線属性] ダイアログボックスを表示します。
❷ [実線] ボタンをクリックします。
❸ [OK] ボタンをクリックして、[線属性] ダイアログボックスを閉じます。

ここでは、北は図面の垂直方向から左に35.1度傾いた方向になります。Jw_cadの線分の角度は、水平方向を0度として、反時計回りに計算するので、90度＋35.1度＝125.1度傾いた線分を作図すれば、真北を指す線分が作図できます。

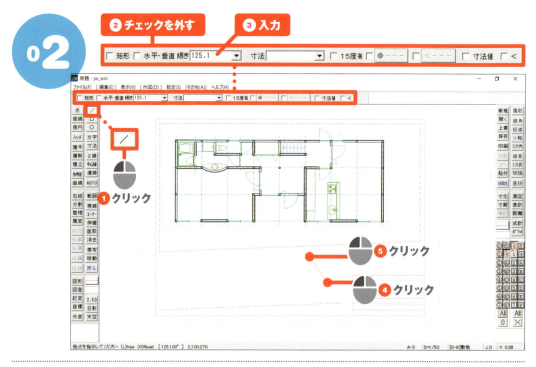

❶ [／](線)コマンドをクリックします。
❷ コントロールバーのすべてのチェックを外します。
❸ コントロールバーの[傾き]に「125.1」と入力します。
❹ 真北方向の線分の始点をクリックで指示すると、傾き「125.1」度の線分が仮表示されます。
❺ 適当な位置でクリックして終点を指示し、線分を作図します。

[／](線)コマンドの使い方 ⓭ 傾き、長さを指定して線分を描く → **035** ページ

方位の線分に矢印をつけます。

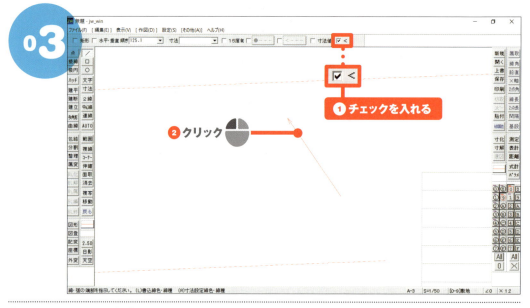

❶ コントロールバーの[＜]にチェックを入れます。
❷ 真北方向の線分の北側の線上をクリックすると、北方向に矢印が作図できます。

最後に、敷地境界の角に円を作図して敷地を完成させましょう。

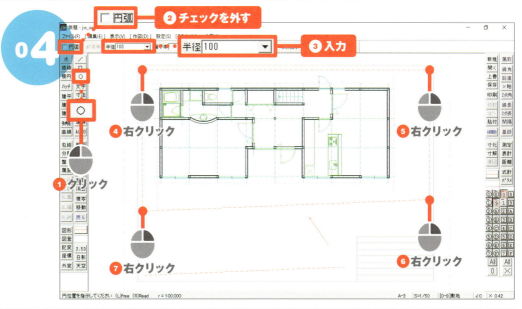

❶ [○](円) コマンドをクリックします。
❷ コントロールバーの [円弧] のチェックを外します。
❸ コントロールバーの [半径] に「100」と入力します。
❹〜❼ 敷地の境界線の角をすべて順に右クリックして、円を作図します。

[○](円)コマンドの使い方　❶ 基本的な円の描き方とコントロールバー → 036 ページ

05

敷地境界線の角に円が作図されました。

これで敷地の完成です。

Step 11 外構を描く

 ［／］［消去］［複写］［伸縮］［コーナー］
［複線］［ハッチ］［図形］コマンド

敷地図が完成したので、外構を記入します。植込み、樹木、タイル、車を作図・配置し、さらに、家の中のプライバシーを考慮して玄関内部の格子も作図します。

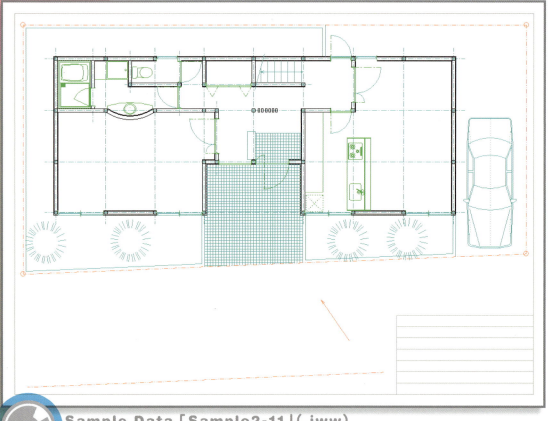

Sample Data「Sample2-11」(.jww)

Step11の完成図面データ「Sample2-11」(.jww)は、付録CD-ROMの「SampleData」フォルダに収録されています。

植込みを作図する

外構は、[0レイヤグループ]（「一般図」レイヤグループ）の[Aレイヤ]（「外構」レイヤ）に作図していきます。まずは、植込みの縁石を作図していきます。

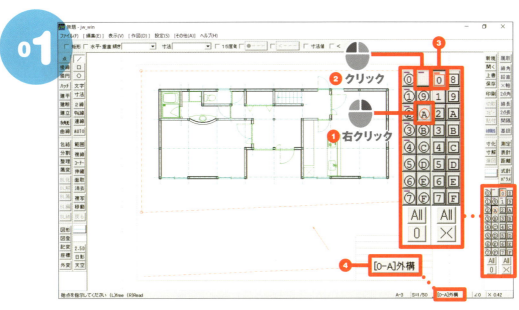

❶ [レイヤ]ツールバーの[A]を右クリックします。
❷ [レイヤ]ツールバーの[8]をクリックして非表示レイヤにします。
❸ [レイヤグループ]ツールバーは[0]が描き込みレイヤとなっていることを確認してください。
❹ ステータスバーの右に[[0-A]外構]と表示されているのが確認できます。

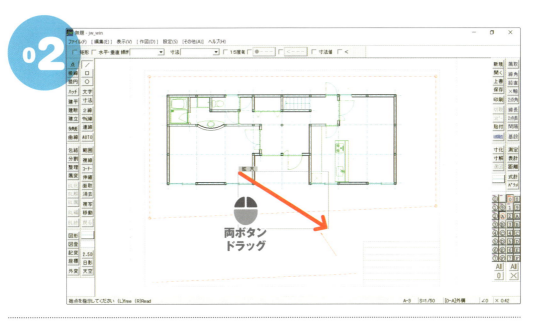

図の位置を右下に両ボタンドラッグして、拡大表示します。

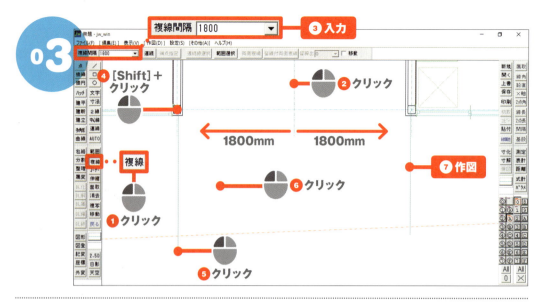

① [複線] コマンドをクリックします。
② 図の通り芯をクリックします。
③ コントロールバーの[複線間隔]に「1800」と入力します。
④ 複線の始点として図のあたりを[Shift]キーを押しながらクリックします。
⑤ 終点をクリックで指定します。
⑥ ②で選択した垂直な通り芯の左方1800mmの④始点と⑤終点の間に相当する位置に複線が赤で仮表示されます。この状態でクリックすると、仮表示の位置に複線が作図されます。
始点と終点の位置は、だいたいの位置で構いません。
⑦ 同様に右1800mmの位置に複線を作図します。

作図した複線を建物と敷地境界にそろえます。

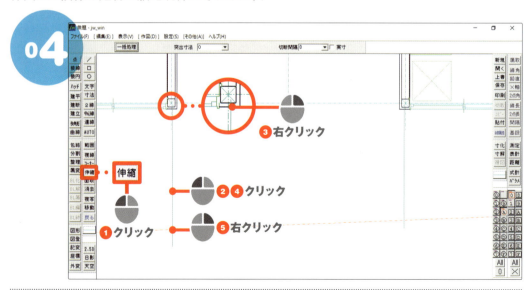

① [伸縮] コマンドをクリックします。
② 手順03で作図した左側の複線をクリックします。
③ 複線と仕上げ線の交点を右クリックします。
④ 再度、左側の複線をクリックします。
⑤ 敷地境界線と複線の交点を右クリックします。

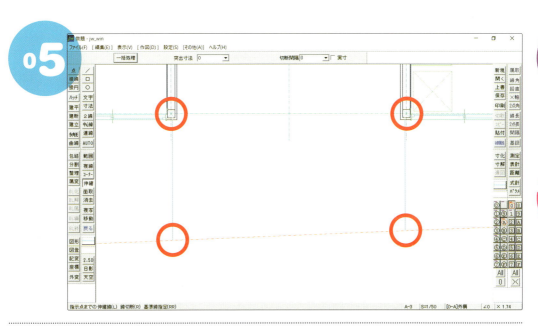

複線の端が建物と敷地境界にそろいました。右側の複線も同様にそろえます。

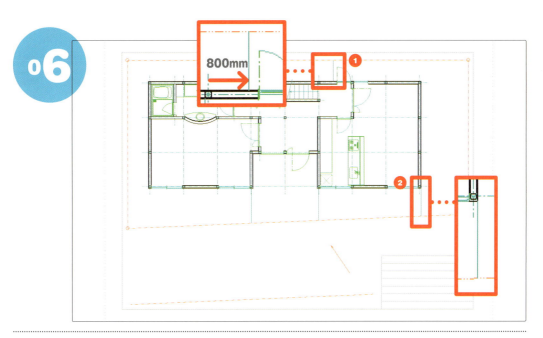

手順03と04と同様の操作で、図の位置に線分❶❷を作図します。❷の線分は仕上げ線の延長として作図します。

07

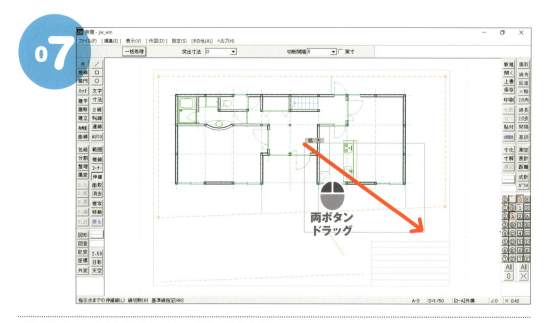

図の位置を右下方向に両ボタンドラッグして拡大表示します。

08

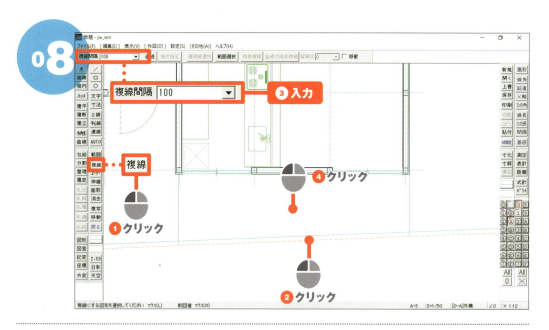

❶ [複線]コマンドをクリックします。
❷ 図の線分をクリックで選択します。
❸ コントロールバーの[複線間隔]に「100」と入力します。
❹ 敷地境界線の上方にマウスポインタを置くと、上100mmの位置に新たな複線が赤で仮表示されます。この状態でクリックすると、仮表示の位置に複線が作図されます。

同様に、左右の植込みの枠線の複線を内側100mmの位置に作図します。

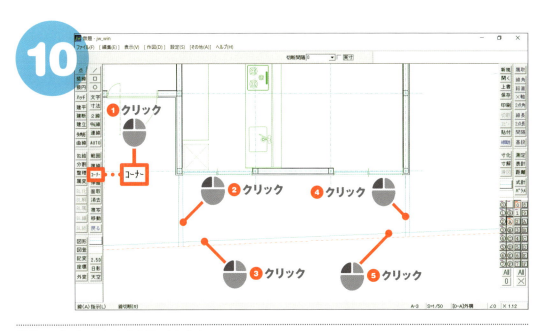

❶ [コーナー] コマンドをクリックします。
❷〜❺ 図の順にクリックします。

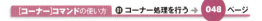

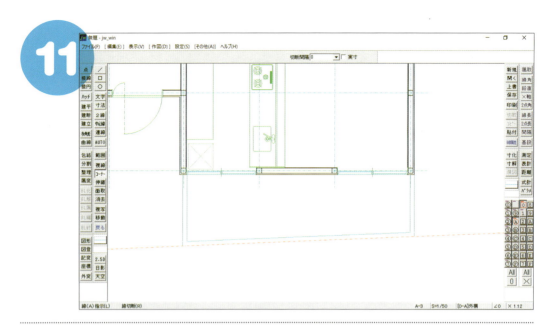

図のようにコーナー処理されます。

これで建物右下の植込みの縁石が作図できました。

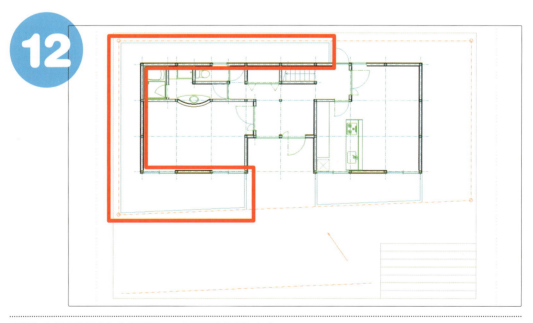

同様に左側の植込みにも幅100mmの縁石を作図します。

自動車と樹木を配置する

[図形]コマンドで自動車と樹木を配置します。まず最初に自動車を配置しましょう。

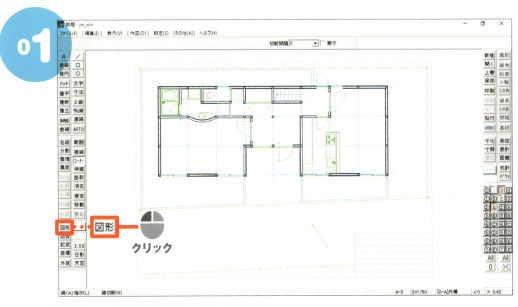

[図形]コマンドをクリックします。

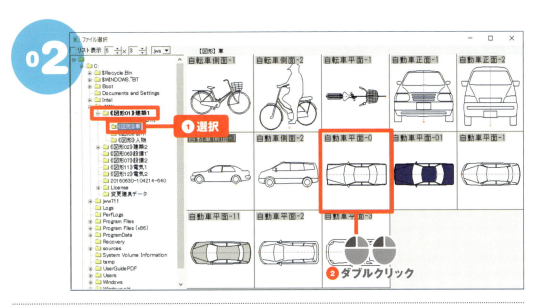

[ファイル選択]ダイアログボックスが表示されます。
❶ 左側のフォルダツリーで[JWW]フォルダの[≪図形01≫建築1]−[≪図形≫車]をクリックして選択します。
❷ [自動車平面-0]をダブルクリックで選択します。

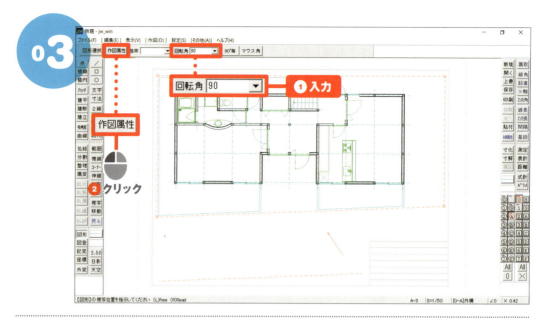

［ファイル選択］ダイアログボックスが閉じ、マウスポインタに追随して、ダブルクリックした自動車の平面図が仮表示されます。
❶ コントロールバーの［回転角］に「90」と入力します。
❷ コントロールバーの［作図属性］ボタンをクリックします。

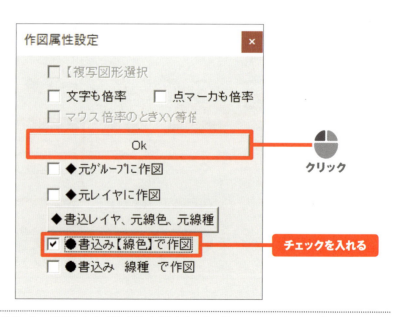

［作図属性設定］ダイアログボックスが開きます。［●書込み【線色】で作図］にチェックを入れ、［OK］ボタンをクリックします。

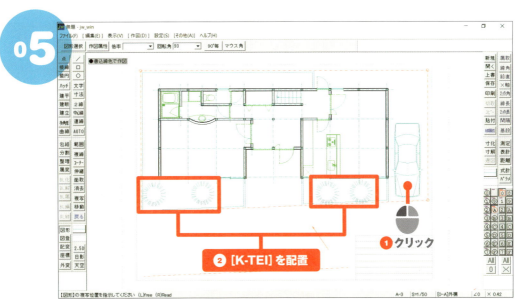

❶ 図の位置をクリックして自動車を配置します。
❷ 同様に、[図形] コマンドで [JWW] フォルダの [≪図形01≫建築1] フォルダにある図形 [K-TEI] を配置します。

玄関に踏込と下足入れを作図する

外構のエントランス部分の床仕上げが、玄関へと続いているので、ここで玄関周りを作図します。[0レイヤグループ]([「一般図」レイヤグループ)の [4レイヤ]([「その他」レイヤ)に作図していきます。

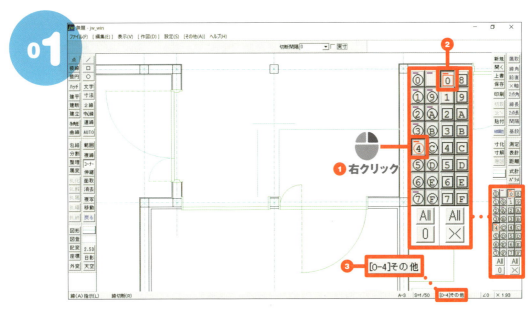

❶ [レイヤ] ツールバーの [4] を右クリックします。
❷ [レイヤグループ] ツールバーは [0] が描き込みレイヤとなっていることを確認してください。
❸ ステータスバーの右に [[0-4] その他] と表示されているのが確認できます。

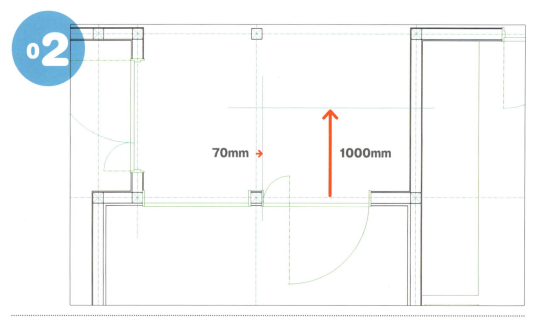

226ページ手順03の方法で図の複線を伸縮して作図します。

[複線]コマンドの使い方　02 伸縮させて複線を描く → 051 ページ

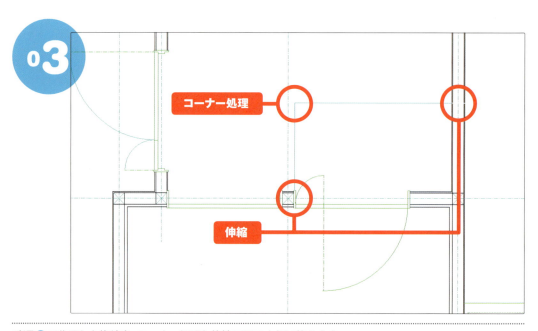

手順02で作図した複線を、コーナー処理と伸縮で図のように整えます。

[伸縮]コマンドの使い方　01 線分を伸縮する → 046 ページ　　[コーナー]コマンドの使い方　01 コーナー処理を行う → 048 ページ

04

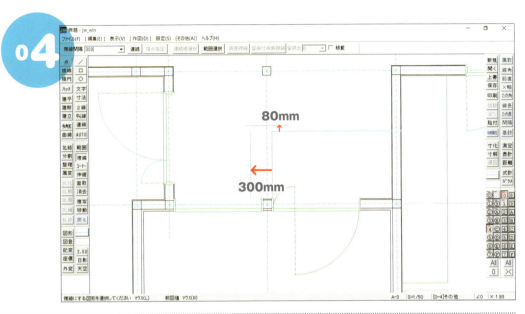

❶ 226ページ手順03の方法で、図のように上80mmの位置に複線を伸縮して作図します。
❷ 228ページ手順08の方法で、図のように左300mmの位置に複線を作図します。

［複線］コマンドの使い方 → ⓵ 複線作図の基本とコントロールバー → **050** ページ、⓶ 伸縮させて複線を描く → **051** ページ

05

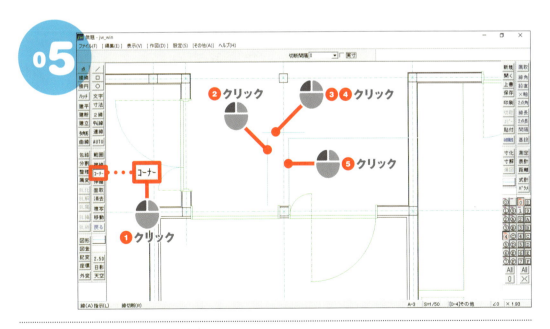

❶ ［コーナー］コマンドをクリックします。
❷〜❺ 図の順にクリックします。

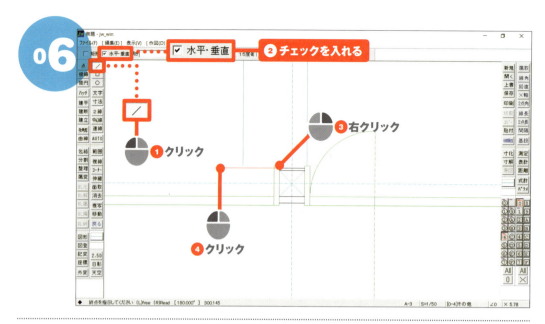

❶ ［／］(線) コマンドをクリックします。
❷ コントロールバーの［水平・垂直］にチェックを入れます。
❸ 図の交点を右クリックします。
❹ マウスを左方向に移動し、適当な位置でクリックして水平線を作図します。

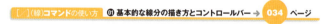

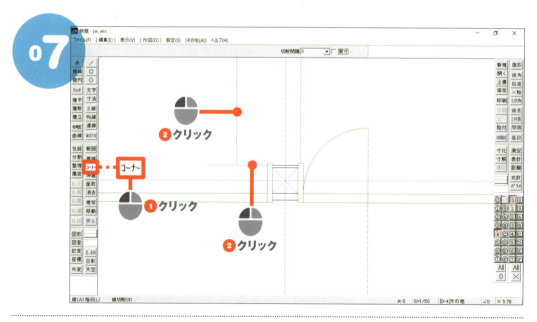

❶ ［コーナー］コマンドをクリックします。
❷ 図の2線をクリックします。

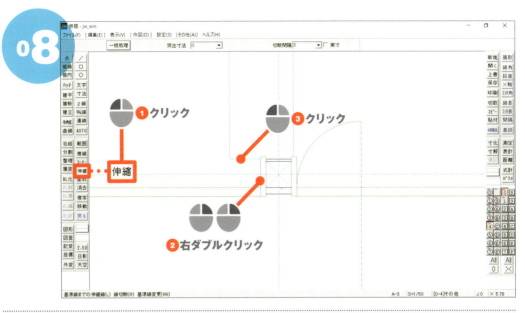

コーナー処理されました。
1 [伸縮] コマンドをクリックします。
2 図の線を右ダブルクリックして伸縮基準線とします。
3 手順06で作図した線分をクリックします。

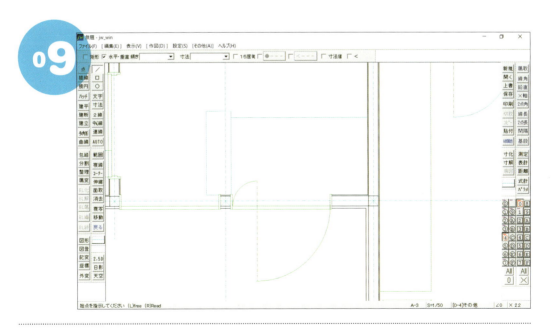

図のようになります。

これで踏込と下足入れが作図できました。

格子を作図する

踏込の奥に格子を作図します。[0レイヤグループ]（「一般図」レイヤグループ）の[2レイヤ]（「仕上」レイヤ）に作図していきます。

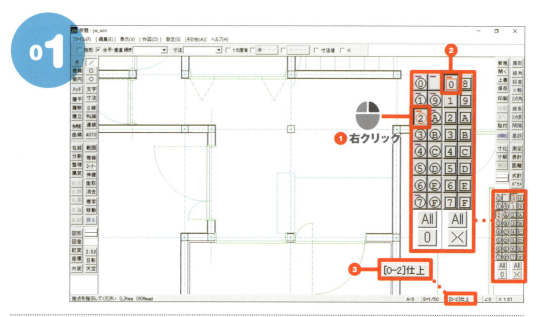

❶ [レイヤ]ツールバーの[2]を右クリックします。
❷ [レイヤグループ]ツールバーは[0]が描き込みレイヤとなっていることを確認してください。
❸ ステータスバーの右に[[0-2]仕上]と表示されているのが確認できます。

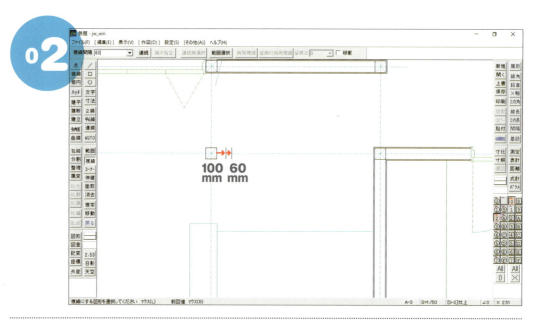

228ページ手順08の方法で、図の柱の線の複線を右100mm、さらに右に60mmの位置に作図します。

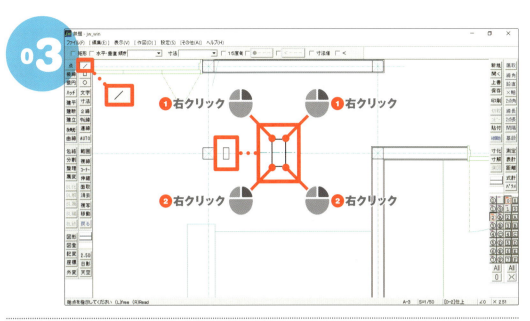

［／］(線)コマンドで複線の先端を結び矩形にします。

［／］(線)**コマンドの使い方** ⓫ 基本的な線分の描き方とコントロールバー → **034** ページ

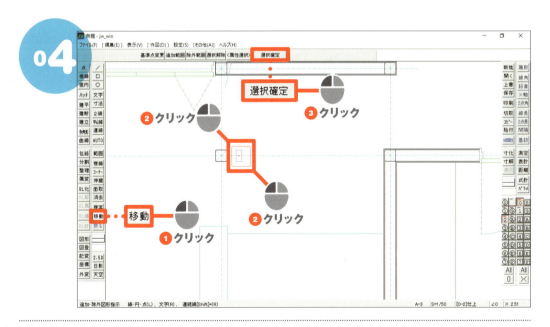

❶ ［移動］コマンドをクリックします。
❷ 作図した矩形の左上と右下をクリックして範囲選択します。
❸ コントロールバーの［選択確定］ボタンをクリックします。

［移動］・［複写］**コマンドの使い方** ⓬ 複写の方法 → **045** ページ

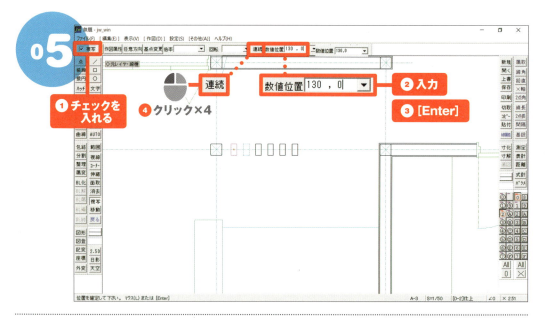

❶ コントロールバーの[複写]にチェックを入れ、❷ [数値位置]に「130,0」と入力します。
❸ キーボードの[Enter]キーを押すと、矩形が右130mmの位置に複写されます。
❹ [連続]ボタンを4回クリックして、右130mmごとの位置に4回連続複写します。

これで格子が完成しました。

ハッチングでタイルを作図する

[ハッチ]コマンドを使って、入り口部分にタイル模様を貼ります。ハッチングは、[0レイヤグループ]（「一般図」レイヤグループ）の[Aレイヤ]（「外構」レイヤ）に作図していきます。

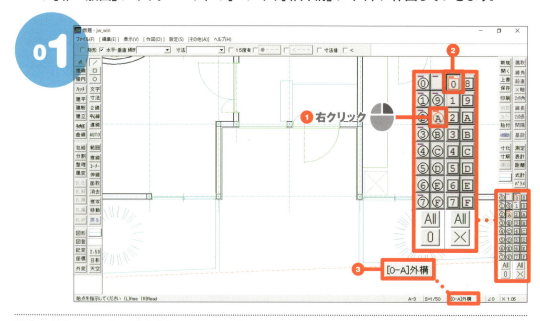

❶ [レイヤ]ツールバーの[A]を右クリックします。
❷ [レイヤグループ]ツールバーは[0]が描き込みレイヤとなっていることを確認してください。
❸ ステータスバーの右に[[0-A]外構]と表示されているのが確認できます。

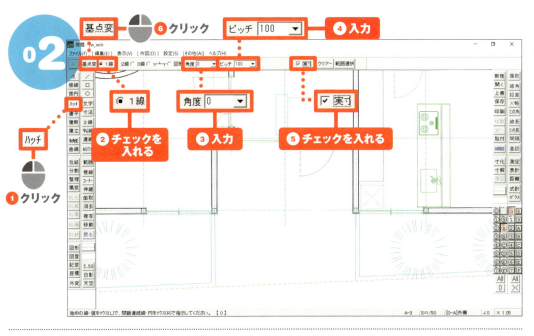

❶ [ハッチ]コマンドをクリックします。
❷ コントロールバーの[1線]にチェックを入れます。
❸ コントロールバーの角度に「0」と入力します。
❹ コントロールバーのピッチに「100」と入力します。
❺ コントロールバーの[実寸]にチェックを入れます。
❻ コントロールバーの[基点変]ボタンをクリックします。

[ハッチ]コマンドの使い方 → ❶ ハッチングの描き方 → 052 ページ

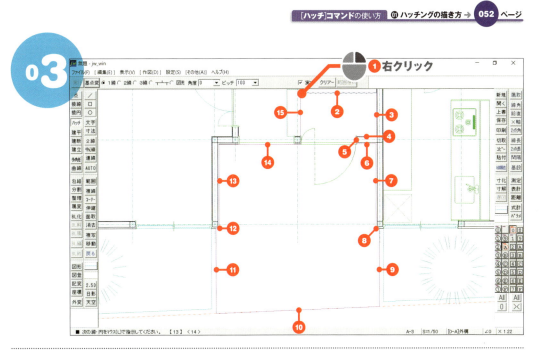

❶ 踏込みの左上の隅を右クリックします。
❷〜⓯ までの線を順にクリックします。

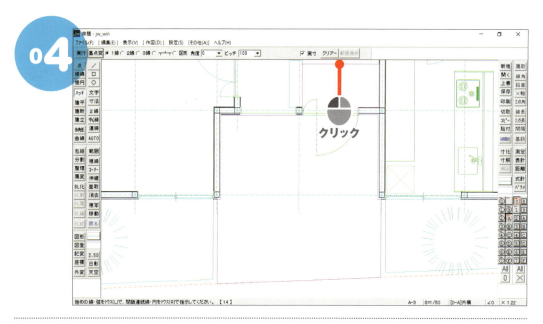

最後に、開始線をクリックします。

Hint

［ハッチ］コマンドでは、ハッチングを施したい図形の辺を順にクリックで選択していきますが、最初にクリックした線は開始線として波線で表示されます。最後に、最初にクリックした辺をクリックすると、波線が消え、選択色で表示されます。

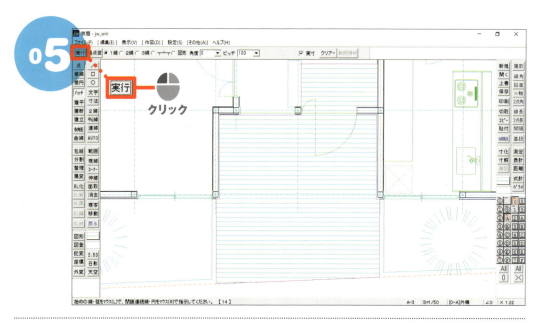

コントロールバーの［実行］ボタンを押すと、図のように100mmピッチ（実寸）でハッチング処理されます。

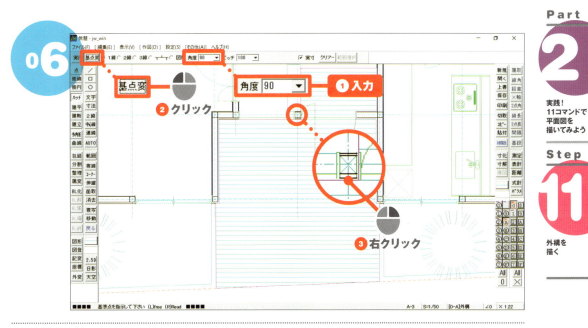

❶ [ハッチ]コマンドが実行された状態でコントロールバーの[角度]に「90」と入力します。
❷ コントロールバーの[基点変]ボタンをクリックします。
❸ 図の垂直な通り芯と水平な線の交点を右クリックします。

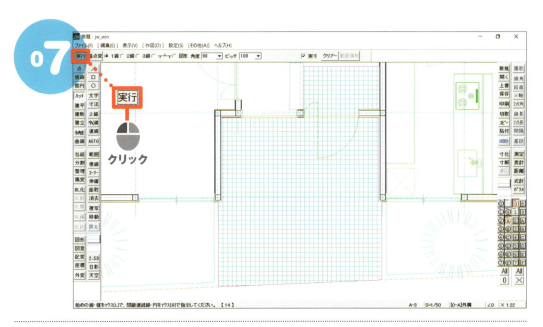

コントロールバーの[実行]ボタンをクリックすると、図のように縦の100mmピッチ（実寸）のハッチング処理が追加されます。

扉にかかったハッチングを部分消去します。

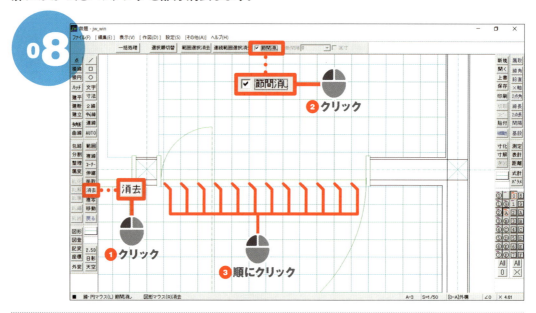

1. ［消去］コマンドをクリックします。
2. コントロールバーの［節間消し］にチェックを入れます。
3. 扉にかかったハッチングを一本ずつクリックします。

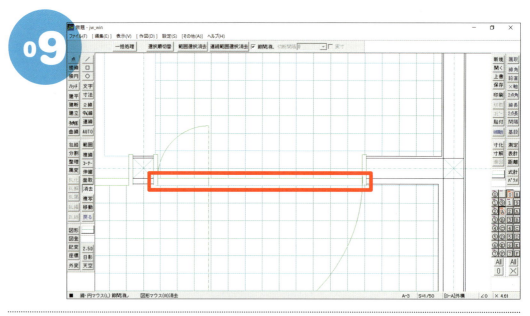

図のように扉にかかったハッチングが消去されます。

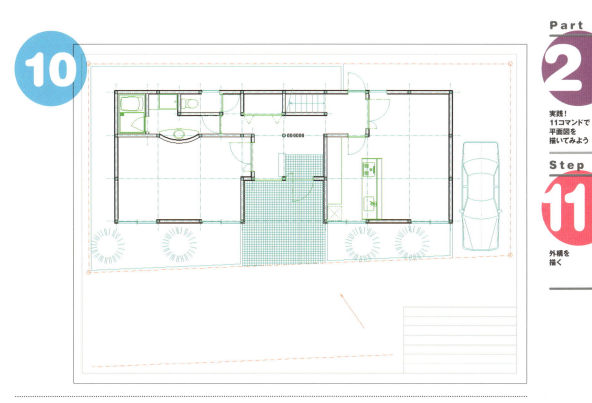

10 外構がすべて作図されました。

Part 2 実践！11コマンドで平面図を描いてみよう

Step 11 外構を描く

Step 12 寸法を記入する

→ [寸法] コマンド

寸法は図面では大変重要な要素です。
縮尺1/50の図面では、かなり詳細な寸法を描き入れますが、作例の図面の場合、下図のように基本的な寸法を入れるにとどめます。Jw_cadの場合、基本的な寸法の入れ方が分かれば、後はその繰り返しになります。

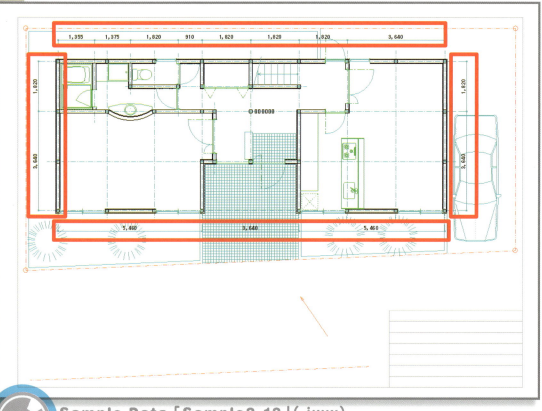

Sample Data「Sample2-12」(.jww)

Step12の完成図面データ「Sample2-12」(.jww)は、付録CD-ROMの「SampleData」フォルダに収録されています。

水平方向の寸法を記入する

寸法は、[0レイヤグループ]（「一般図」レイヤグループ）の[5レイヤ]（「寸法」レイヤ）に作図していきます。

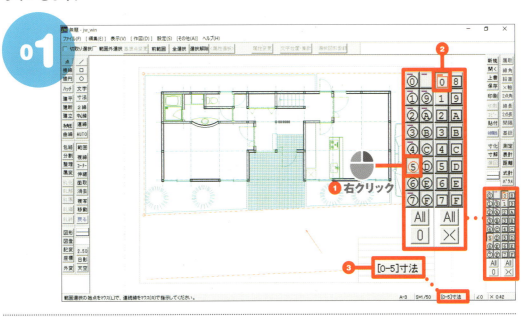

❶ [レイヤ]ツールバーの[5]を右クリックします。
❷ [レイヤグループ]ツールバーは[0]が描き込みレイヤとなっていることを確認してください。
❸ ステータスバーの右に[[0-5]寸法]と表示されているのが確認できます。

❶ [寸法]コマンドをクリックします。
❷ コントロールバーの[設定]ボタンをクリックします。

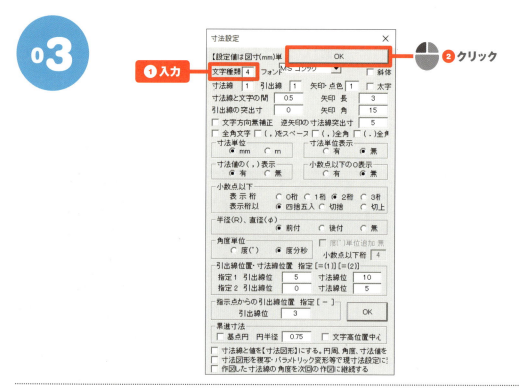

[寸法設定] ダイアログボックスが表示されます。
❶ [文字種類] に「4」と入力します。
❷ [OK] ボタンをクリックして、ダイアログボックスを閉じます。

これで、寸法値の文字の種類が文字種4に設定されました。
水平方向の寸法を描き込む、図面の上あたりを拡大表示しましょう。

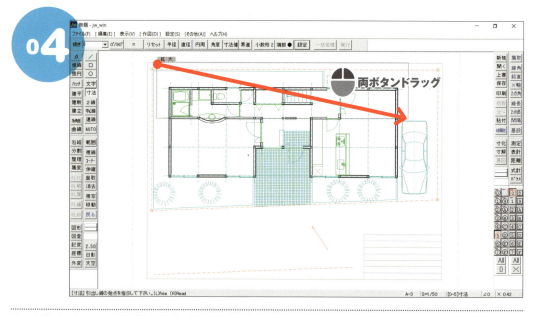

図の部分を右下方向に両ボタンドラッグし、拡大表示します。

まず、寸法の引き出し線の位置と、寸法線の位置をクリックで指示します。

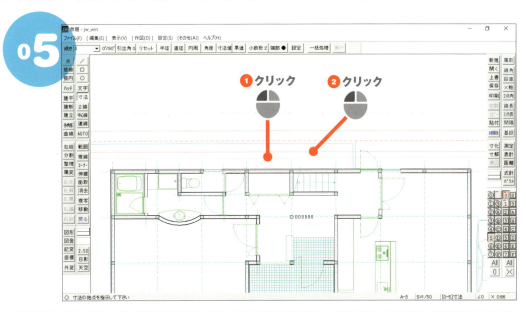

❶ 寸法引き出し線の位置として、通り芯の少し上あたりをクリックします。
❷ 寸法線の位置として、寸法引き出し線の少し上あたりをクリックします。
それぞれのクリックした位置に、水平方向の赤い点線の仮線が表示されます。

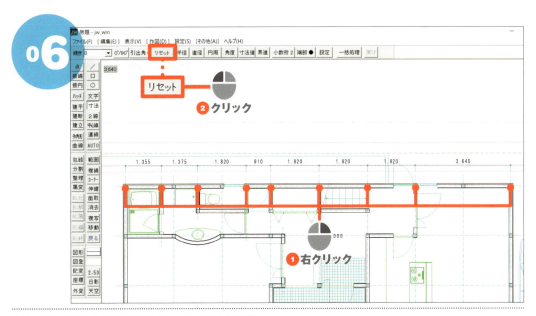

❶ 図の通り芯の交点を順に右クリックしていきます。
右クリックした交点の間の寸法が作図されます。
❷ 水平方向の寸法の作図が終了したら、コントロールバーの［リセット］ボタンをクリックして、寸法引き出し線と寸法線の設定を、1度リセットしておきます。

これで、水平方向の寸法が完成しました。

垂直方向の寸法を記入する

続いて、垂直方向の寸法を作図します。

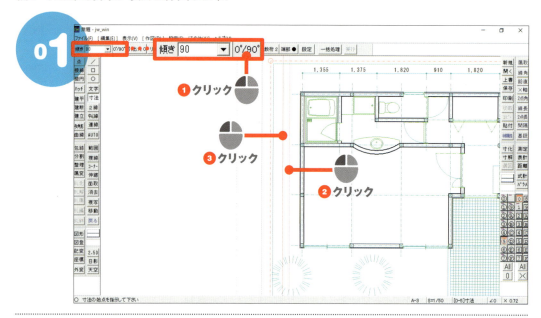

❶ コントロールバーの[0°/90°]ボタンをクリックして、[傾き]を「90」にします。
❷ 寸法引き出し線の位置として、通り芯の少し左をクリックします。
❸ 寸法線の位置として、寸法引き出し線の少し左をクリックします。
それぞれのクリックした位置に、垂直方向の赤い点線の仮線が表示されます。

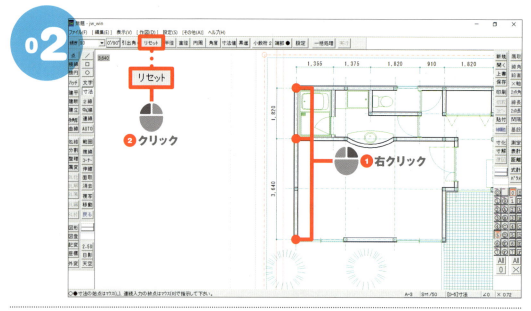

❶ 図の通り芯の交点を順に右クリックしていきます。
右クリックした交点の間の寸法が作図されます。
❷ 垂直方向の寸法の作図が終了したら、コントロールバーの[リセット]ボタンをクリックして、寸法引き出し線と寸法線の設定を、リセットします。

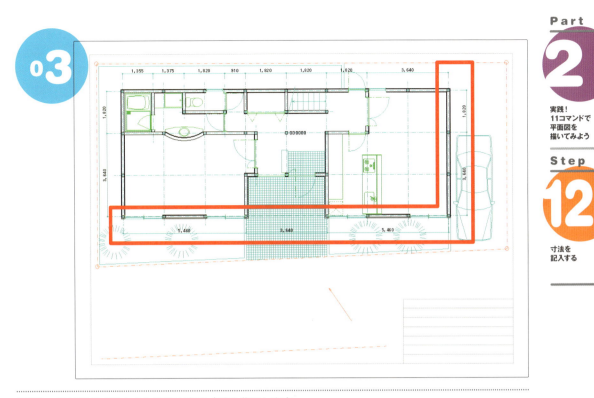

同様に、反対側の水平方向と垂直方向の寸法も作図します。

これで寸法の完成です。

Step

13 文字を
記入する

 [文字] コマンド

寸法だけでなく、文字も図面では大変重要な要素です。図形では表せない情報を、文字で表現できるからです。
図面の中の文字の使い方はさまざまありますが、ここでは部屋名を記入して、[文字] コマンドの使い方をマスターしましょう。

 Sample Data「Sample2-13」(.jww)
Step13の完成図面データ「Sample2-13」(.jww)は、付録CD-ROMの「SampleData」フォルダに収録されています。

部屋名を記入する

文字は、[0レイヤグループ]（「一般図」レイヤグループ）の[Bレイヤ]（「文字」レイヤ）に、[文字種5]で作図していきます。

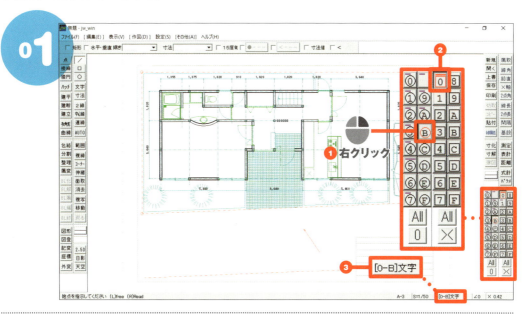

❶ [レイヤ]ツールバーの[B]を右クリックします。
❷ [レイヤグループ]ツールバーは[0]が描き込みレイヤとなっていることを確認してください。
❸ ステータスバーの右に[[0-B]文字]と表示されているのが確認できます。

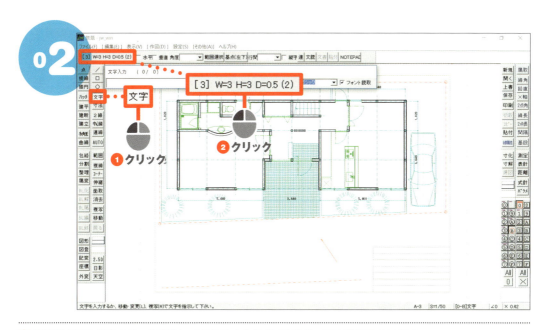

❶ [文字]コマンドをクリックすると、[文字入力]ダイアログボックスが表示されます。
❷ コントロールバーの左端の、書き込み文字種が表示されているボタンをクリックします。

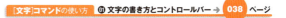

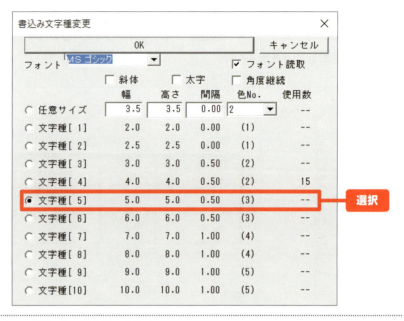

[書込み文字種変更]ダイアログボックスが表示されます。
[文字種[5]]を選択します。選択すると、ダイアログボックスは自動的に閉じます。

これで、作図する文字の種類が[文字種5]に設定されました。

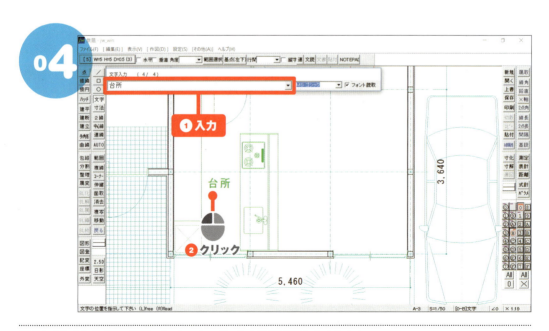

❶ [文字入力]ダイアログボックスに、キーボードから「台所」と入力します。
❷ 作図画面をクリックすると、クリックした場所に文字が記入されます。

05

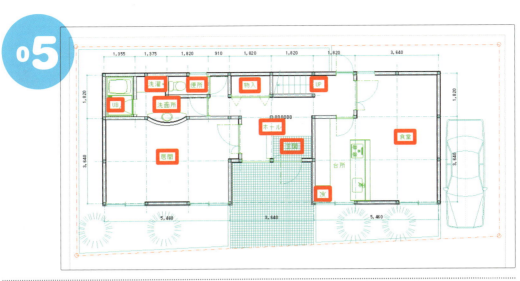

同様に、文字を入力していきます。

斜めの文字を記入する

道路や方位の傾きに合わせた斜めの文字を入力します。
まずは、道路内に「道路」の文字を、道路の軸に平行に入れることにします。傾斜した文字はコントロールバーの［角度］に傾斜角を入力すれば作図できますが、正確な傾きを求めるためには、作図された図形から角度を取得する必要があります。

01

［文字］コマンドをクリックした状態で、［線角］ボタンをクリックします。

［文字］コマンドの使い方　02 傾斜した文字を書く → 039 ページ

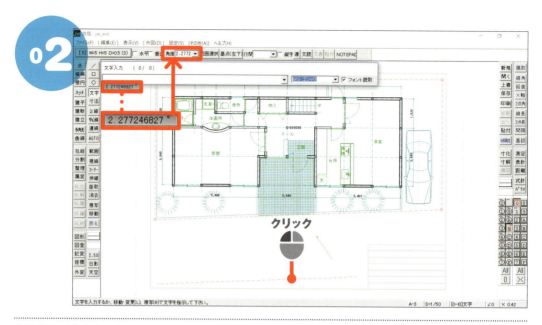

作図画面の道路境界線をクリックします。
作図画面左上に「2.277246827°」と表示され、コントロールバーの[角度]に、その値が入力されます。

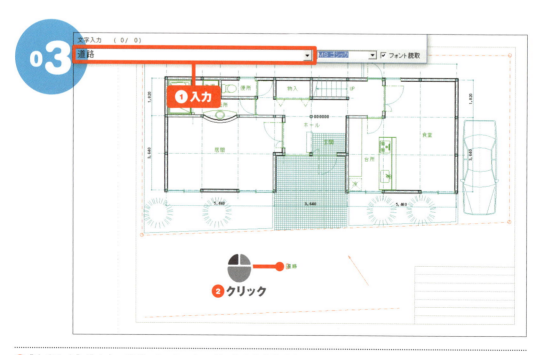

❶ [文字入力]ダイアログボックスに、キーボードから「道路」と入力します。
❷ 作図画面上をクリックすると、クリックした場所に2.277246827°左に傾いた文字が記入されます。

最後に方位記号に「真北」と記入します。

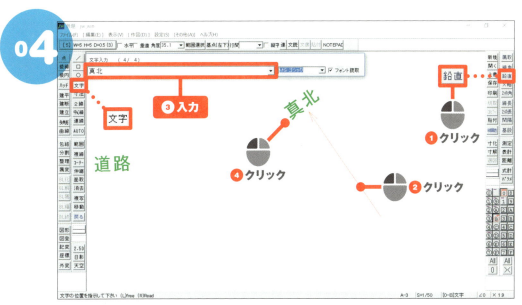

❶ [文字] コマンドをクリックした状態で、[鉛直] ボタンをクリックします。
❷ 方位の軸をクリックし、方位と鉛直な角度を取得します。
❸ [文字入力] ダイアログボックスに、キーボードから「真北」と入力します。
❹ 図の位置をクリックすると、方位に鉛直な向きの文字が作図されます。

これで平面図の完成です。

11個のコマンドだけでも、ここまで自由な図面表現が可能ということが理解いただけたと思います。

印刷する

11コマンドを使って図面を作図する方法を前項までで解説しました。最後に図面を印刷する方法を説明します。

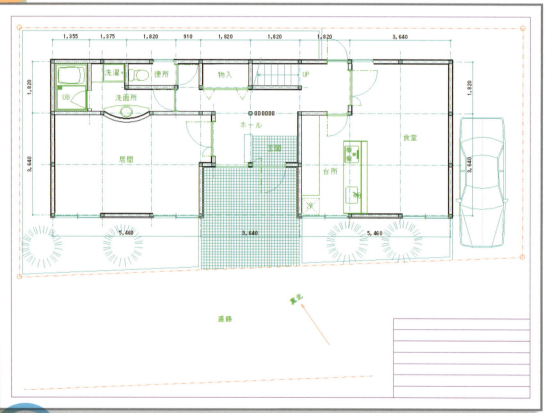

Sample Data「Sample2-13」(.jww)

Part2で作成した平面詳細図データ「Sample2-13」(.jww)は「SampleData」フォルダに収録されています。

印刷をする

作図した平面図を、A3サイズでモノクロ印刷します。

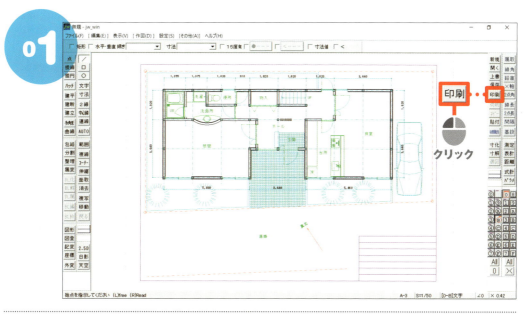

作図した平面図を開き、[印刷] コマンドをクリックします。

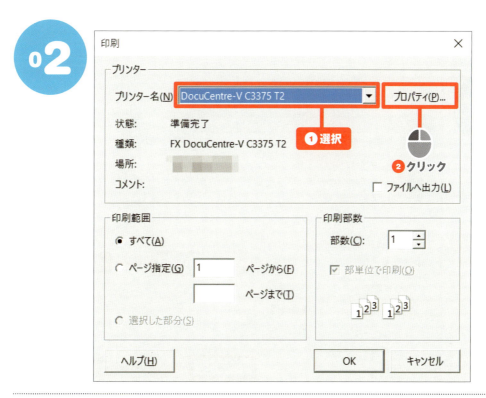

[印刷] ダイアログボックスが表示されます。
❶ [プリンター名] で使用したいプリンタを選択します。
❷ [プロパティ] ボタンをクリックします。

プリンタの［プロパティ］ダイアログボックスが表示されます。このダイアログボックスはプリンタごとに異なります。

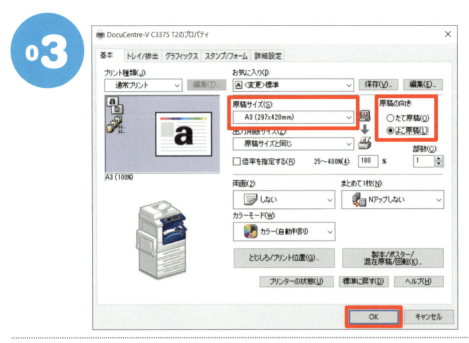

設定の方法はプリンタによって異なりますが、印刷したい図面に合わせて、用紙サイズを「A3」、印刷方向を「横」に設定します。設定が完了したら、［OK］ボタンをクリックしてダイアログボックスを閉じます。

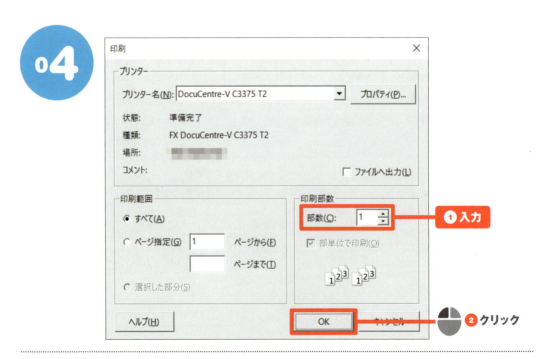

表示が［印刷］ダイアログボックスに戻ります。
❶ ［部数］に印刷部数（ここでは「1」）を入力します。
❷ ［OK］ボタンをクリックしてダイアログボックスを閉じます。

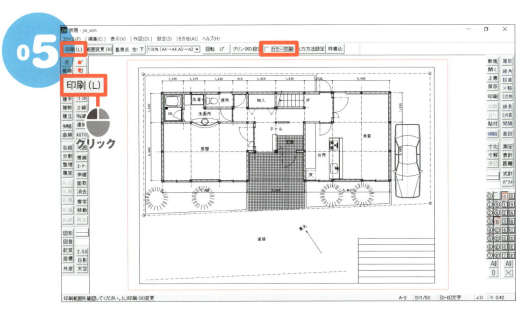

印刷される範囲が赤い枠で表示されます。コントロールバーの[カラー印刷]のチェックを外し、画面表示がモノクロに切り替わることを確認します。
コントロールバーの[印刷]ボタンをクリック、または画面内をクリックすると印刷が実行されます。

Hint

印刷枠を移動したい場合は、コントロールバーの[範囲変更]ボタンをクリックします。

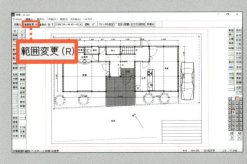

01 手順05の状態で、コントロールバーの[範囲変更]ボタンをクリックします。

02 マウスポインタに追随して印刷枠が移動します。クリックすると、クリックした点を基点に印刷枠が移動します。

Hint

[印刷]コマンドのコントロールバーでは、印刷範囲や印刷倍率、カラー印刷の設定などが行えます。

① 印刷(L)　② 範囲変更(R)　③ 基準点 左・下　④ 100%(A4→A4,A3→A3)　⑤ 回転 0°　⑥ プリンタの設定　⑦ □カラー印刷　⑧ 出力方法設定　⑨ 枠書込

① クリックすると、印刷が実行されます
② クリックすると、印刷範囲(赤枠)を移動できます
③ 印刷範囲を変更する際の印刷範囲(赤枠)の基準点を変更できます。クリックすると[左・下]→[中・下]→[右・下]→[左・中]→[中・中]→[右・中]→[左・上]→[中・上]→[右・上]と、順次基準点が変更されます
④ 印刷倍率をプルダウンリストから選択できます。任意の倍率を入力することも可能です
⑤ クリックすると、印刷範囲が90度回転します
⑥ クリックすると[プリンターの設定]ダイアログボックスが表示されます
⑦ カラー印刷をする際にチェックを入れます
⑧ クリックすると、[プリント出力形式]ダイアログボックスが表示されます。ファイルの連続印刷などが行えます
⑨ クリックすると、印刷範囲の枠(赤枠)が、描き込みレイヤに描き込み線種で描き込まれます

- 著者 .... 富田泰二

  プロフィール
  熊本県生まれ。東京工業大学工学部建築学科卒業。同大学院修士課程修了。1976年にゼネコン設計部に入社。主にホテル、商業施設の設計業務に携わり、その後独立。汎用CAD「AxxCad」の作者でもある。著書に『7日でおぼえる Jw_cad』『やさしく学ぶ Jw_cad 日影・天空率徹底活用バイブル』(エクスナレッジ刊)などがある

2016年10月21日　初版第一刷発行
2018年12月27日　　　第二刷発行

- 発行人 .... 澤井聖一

- 発行所 .... 株式会社エクスナレッジ
  〒106-0032　東京都港区六本木7-2-26
  http://www.xknowledge.co.jp/

- 問合せ先 .... 編集　TEL 03-3403-5898 / FAX 03-3403-0582
  販売　TEL 03-3403-1321 / FAX 03-3403-1829
  info@xknowledge.co.jp

  ※本書内容についてのご質問に対する電話受付／電話回答はおこなっておりません。56ページの質問シートをFAXしていただくか、上記メールアドレス宛にお問い合わせください。

- **無断転載、配布の禁止**
  本書掲載記事(本文、図表等)と収録データを当社および著作者の承諾なしに無断で転載(翻訳、複写、データベースへの入力、インターネットでの掲載等)、配布することを禁じます

- **付録CD-ROMについて**
  本書付録CD-ROMに収録しているプログラムとデータを利用したことによるいかなる損害に対しても、当社ならびに著作者、提供元(開発元)は一切の責任を負いかねます

- **図書館での貸し出しについて**
  付録CD-ROMの図書館での貸し出しを禁じます